現代商業経営序説

松井 温文 編著

五絃舎

はしがき

　本書は流通論を基礎として、経営に関して特筆すべき諸活動を整理したものである。この企画の新しい試みは学部・大学院の講義テキストとして使用するものの、内容は専門書であるということである。近年、学生時代に使用したテキストを社会人になって再読した際に、その有り難さが分かるような高度で豊富な内容であることが必要なのではないかと考えるようになった。わかる講義にするために最も重要なことはテキストではなく、教員の解説能力であるとの考えに至ったからでもある。

　商業経営の土台となる流通論に関する章は我が国を代表する森下理論を基礎とし、市場の概念を常に意識し、経済学の古典的研究を積極的に使用した。初学者としての教科書でもあり、本質を捉える力を養う契機になればと願うものである。

　半期用テキストとして、紙幅の制約を強く受けた仕上がりになっているが、ご協力頂いた執筆者諸先生の積極的で力強い記述に深く感謝している。又、鈴鹿大学の今光俊介先生には煩わしい原稿のチェックを快くお引き受け頂けたからこそ短期間での出版が可能になった。そして特に、五絃舎の長谷雅春社長の寛容な態度がなくてはこのような企画は成立しなかった。

　関係各位に心より御礼を申し上げる次第である。

2020 年 9 月 8 日

執筆者を代表して

松井温文

執筆者紹介（執筆順。なお*は編者）

松井温文* (まつい あつふみ) ：序章・第 1 章・第 2 章・第 8 章執筆
　岡山商科大学経営学部 教授

秦 小紅 (しん しょうこう) ：第 3 章執筆
　九州産業大学商学部 講師

岡田一範 (おかだ かずのり) ：第 4 章執筆
　高田短期大学キャリア育成学科 講師

河田賢一 (かわだ けんいち) ：第 5 章執筆
　常葉大学経営学部 教授

末田智樹 (すえた ともき) ：第 6 章執筆
　中部大学人文学部 教授

伊部泰弘 (いべ やすひろ) ：第 7 章執筆
　新潟経営大学経営情報学部 教授

菊森智絵 (きくもり ともえ) ：第 8 章執筆
　関西大学大学院ガバナンス研究科 博士課程前期課程修了

目　次

序章　激動期にある現代商業

　商業を分析する際、ある特定の条件・状況下にあることを前提とすべきであり、経営学的アプローチを採用する場合であっても、商業経済論でのそれと同じである。それは商業が活動する社会的経済的背景が異なることによって、それが担わされる役割またはその本質が異なる可能性があるからである。

　商業の性質を規定する流通を段階に分けるならば、資本主義登場以前、自由競争段階、独占段階、そして、現代であろう。本書が対象とする商業は現代商業である。現代商業の様相はこの時代に特有のものであっても、過去の各段階における様々な影響を受けて変化し、今日に至ったものである。現代商業を分析するために、その基礎として、過去を振り返り、現代流通の不安定性や不確実性を理解することは重要だと考えた。

　我が国の現代流通に影響する最も重要な要素はデフレーション経済（以降はデフレと表記する）であろう。吉川洋によれば、我が国だけが経験するデフレの害毒のひとつは設備投資が控えられることである。もうひとつは「デフレ・スパイラル」にみられる I. Fisher が提唱したデフレと不良債権の悪循環が背景となることである。[1] 白川方明はデフレが景気悪化の原因とみる立場と景気悪化の結果とする立場があると見解を整理した。[2] 日本銀行は後者の立場であった。Fisher が指摘する以前、貨幣信奉者とされる A. Marshall はデフレの 4 つの要因を T. Tooke を引用したが、それらはマネーサプライとは関係がない実物的な

---

1)　I. Fisher, "The Debt-Deflation Theory of Great Depression," *Econometrica*, Vol.1, No.4, 1933, pp.337 – 357.

2)　白川方明『現代の金融政策－理論と実際－』日本経済新聞社、2008 年、137 頁。

3)　T. Tooke, *A History of Prices and of the State of the Circulation*, London, 1857.

要因であった。J. A. Schumpeter⁵⁾ や Marshall⁴⁾ の弟子である J. M. Keynes⁶⁾ は貨幣数量説を完全に否定した。我が国だけが経験するデフレは結果である。その要因として、大企業における雇用システムの変貌が発端となり、年俸制の導入、増加し続けるパート労働者や派遣労働者も加わり、雇用の継続を優先する名目賃金の低下⁷⁾が挙げられる。又、低価格競争に対応するため流通過程に深く関係するプロセス・イノベーションに専心し過ぎ、プロダクト・イノベーションをおろそかにしたからである⁸⁾。

　日本人は海外のモノやコトに対して、受け入れが良いように筆者は感じている。西洋化という現象がそれを代表する。それは日本人が西洋人に対して劣っていると心のどこかで感じているからなのかもしれない。国が違えば、それぞれの国民の思考や行動は異なり、それは諸制度にも反映される。我が国の制度とは全く異なる成果報酬制度を十分に吟味することなく、それを受け入れた労働者は悪循環に巻き込まれる。財務体質の改善のため、日本独自の労使関係を崩壊させる方向へと大企業は移行し、その影響は様々な形で中小企業へと波及する。非正規雇用労働者やパートタイマーの拡大は目覚ましい。平均給与の低下がみられる今日、一部の高額所得者を除く、大半を占める一般消費者は可処分所得の低下を直接受け、商品購入時、経済合理性に従い、低価格で相対的に高品質な商品を購入しようとする。そのような消費者行動は日本全体での動きとなり、低価格競争をますます加速化させ、プロセス・イノベーションを促進させる。このイノベーションの多くは価値を創造せず、最終的には企業の財務体質を悪化させる。限界点を超えると、生産費用の引き下げを更に図るべく、海外に生産拠点を置いたり、輸入を増加させたりする。消費者は少なくなった可処分所得を有効に使用するため、輸入された商品を積極的に購入する。しか

---

4)　A. Marshall, *Official Papers by Alfred Marshall*, London: MacMillan, 1926, p.23.

5)　J. A. Schumpeter, *Business Cycle*, New York: McGraw-Hill, 1939, p.808.

6)　J. M. Keynes, *A Treatise on Money*, Vols.1&2, London: MacMillan. *Collected Writings of J. M. Keynes*, Vols.5&6, 1930, p.146.

7)　企業の財務体質が悪化した際、雇用の継続か賃金の引き下げかという選択を迫られ、労働者は名目賃金の引き下げを受け入れた。実際、世界でも我が国だけが名目賃金が下がっている。

8)　吉川洋『デフレーション－日本の慢性病の全貌を解明する－』日本経済新聞出版社、2013 年。

し、それは国内の生産を圧迫し、最終的には雇用状況を悪化させる。消費者にそのしわ寄せが行く。消費者は悪循環に陥り、それは経済全体の現象となる。

　内閣府の 2014 年の調査によれば、「所得・収入」に対する満足度は「満足」と「まあ満足」を合わせて 44.7％ であり、「資産・貯蓄」については 37.3％ であった。生活の基本となる金銭面に対する満足度はデフレーション経済の影響を受け、低いとも理解される。しかし、後述する人間の本来的な欲望からすれば、主観的評価を無媒介に受け入れることは危険である。そこで、「前年に対する生活水準」に対する回答は「同じ」が 72.9％ であり、「低下している」が 20.9％ であり、「低下している」について、2013 年の調査結果は「16.8％」から 4.1 ポイント増加している。経済成長が所得の増加をもたらし、生活を豊かにするという基本的な前提を基準にすれば、この結果は経済成長をほとんどの国民は感じることなく、生活がますます苦しくなる傾向にあると感じていると理解するのが妥当であろう。そうであれば、先の金銭面での満足度の低さは直接的にその表れと理解しても良さそうだ。このような傾向とは別に、「耐久消費財」「食生活」「住生活」に対する満足度はそれぞれ 70.9％、86.4％、78.6％ と高くなっている。これらの値は物質的には満たされた社会であることを示唆しているのではないか。「自己啓発・能力向上」「レジャー・余暇生活」に対する満足度はそれぞれ 59.2％、59.0％ であった。金銭面での制約を受けた結果であることを考えれば、ある程度の国民は自分に合った可処分所得の支出や行動が取られていることが示唆される[9]。

　平均給与が低下する今日、消費者は経済合理性に従い、低価格で相対的に高品質な商品を購入しようとする。可処分所得が低下するため、それは当然の判断・行為である。しかし、日々の支出を抑えようとする同じ消費者は限定的な消費対象、それは消費者にとってのこだわりの対象に対する消費は積極的におこなおうとする行動もみられる。我々はそのようなひとりの消費者にみられるふたつの特徴的な購買行動を「消費の二面性」と呼ぶ。繰り返せば、所得の二

---

9)　内閣府「国民生活に関する世論調査」https://survey.gov-online.go.jp/h26/h26-life/index.html、2020 年 8 月 18 日閲覧。

極化は高額所得者と低額所得者である多くを占める一般的な消費者との所得格差を示すものであり、今日、欧米と同様な傾向が我が国にもみられるようになってきた。消費の二面性は所得の二極化における一般的な消費者にみられる購買行動である。それゆえ、高額所得者はその対象にはならない。内閣府の調査結果は「消費の二面性」を定量的に示すひとつの証拠であると筆者は考える。

　現象面について、消費の二面性を具体的に説明する商品のひとつとして、本来的には年式が古くなることによって、その価値が下がる大量生産された自動車やオートバイがある。それらが特別仕様車であるならば、本来的にもそれ自体の価値、生産量における希少性を持って、交換価値が高くなることは頻繁にある。しかし、筆者がここに取り上げる自動車やオートバイはそのようなものではなく、まさに、大量生産された商品である。修理工場の片隅にホコリをかぶり雨ざらしにされていた廃車が修理・販売されるそれらの価格は当時の販売価格を大きく上回る程高価となることもある。商品自体の機能的な使用価値は劣化により低下し、希少性は特別仕様車・数量限定車等と比較して高いとは言えない。しかし、こだわりのある消費対象としての使用価値は非常に高く、流通における主体はそのような商品に対する消費者ニーズを措定し、交換価値を高く設定する。[10] 流通研究における交換価値の重要性はここにもみられる。又、現実社会にあって、その一部は流通過程における生産的労働による価値形成部分も含まれる。

　小西一彦によれば、交換価値について、商品は消費者にとって有用な属性を持つため使用価値であると理解されるが、それは商品でなくとも使用価値のあるも

---

10)　それらの自動車やオートバイは「旧車」と呼ばれている。過去に年代物のそれらに対する希少性が高くなる現象もあったことを筆者は承知している。しかし、それらは明確な希少性が認められるものである。希少性が高く、それ相応の価格が高く設定されているような商品はそれを求める消費者数も少ないことが前提されているのではないか。それに対して、単なる古さに起因する希少性ではなく、こだわりという観点での使用価値が高いのであろう。消費者の年齢層は特定の世代に限定されたものではなく、かなり広い。消費者の年齢層だけでなく、対象とする旧車の幅もかなり広くなっている。そのような消費者が集まり、雑談を交わす場がある。その場で初めて出会う関係は頻繁にみられ、それはこだわりに対する共通の価値観を形成していることを示唆する。
　若者の自動車離れが、近年の自動車業界の深刻な問題とされているが、維持費用は自動車と比較して低いものの、機能的使用価値は高いとは言えず、ハーレーダビッドソンを代表とする高級外国製オートバイに対する若者の購買意欲は非常に高い。まさにこだわりに対する消費であるといえよう。

のは至る所に存在する。例えば、自然の中に存在する水、魚、野草等を、対価を支払うことなく消費するような場合である。商品に特有の性格は交換価値である。社会的性格である交換価値の質と量は交換関係の中で表現される。流通論では価値よりも交換価値の問題に焦点が当てられる。交換価値に係わって、交換概念に対する関心が近年みられるものの、それは分析対象を広げるための概念の強引な拡張であり、本質的な分析であるとは認められない。もちろん、流通が形成される以前にみられた交換も対象にはならない。商品の本質は消費ではなく交換に関係し、交換の担い手として機能する交換価値が交換する相手方の商品や貨幣の姿として現れ、それが交換によって自身の所有となる。流通における交換はこのような側面と過程こそが重要となる。製造企業や流通企業は商品の交換価値の実現だけでなく、より大きな交換価値にし、利潤の拡大を図ろうとする。商品流通において、これこそが本来的に求められる活動であるとされた[11]。

　こだわりへの消費に対する品揃え形成は商業の存立根拠である社会的売買集中の原理に従った行動である。例えば、素晴らしい商品を生産する中小製造企業と交渉し、全国規模に展開される自社小売店舗での販売をするために増産を依頼する。中小製造企業にとって、全国に向けての商品流通は生産量が少ないために流通費用は割高になり、生産の増加は容易ではない。しかし、大手小売企業が流通過程を担うことによって、中小製造企業の生産の増加を可能にする。吉川が指摘するコスト削減のためのプロセス・イノベーションではなく、イノベーションの本来的意味にある価値創造につながらなくてはならない。

　古い時代の自動車やオートバイへの消費者の購買意欲の高まりは何を示唆するのか。消費の二面性について、経済現象を的確に捉えた研究成果の援護を受けながら述べていこう。

　J. K. Galbraith は物質的に豊かであるアメリカ社会にあって、生産の拡大が経済発展の前提にあり、それが豊かさの尺度でもあるという一般的に広まった認識、「通念」に対して、ユーモア溢れる批判をする。「人類の必要には二つの

11）　小西一彦『現代流通論の基本問題』神戸商科大学研究叢 XXXVIII、1991 年、25 – 42 頁。

種類がある。他人がどうであろうと自分はそれがほしいという絶対的な必要と、それを満足させれば他人よりも偉くなった気がするという意味で相対的な必要の二つであ」り、絶対的な欲望を完全に満たすことは出来ても、相対的な欲望はそれが出来ないという Keynes の言及を引用した[12]。消費者個人の欲望を満たすことが重要であるという主張に対して、その欲望は消費者個人の内面から生じたものでなくてはならない。これは欲望充足手段としての生産の社会的必要性の前提とされるからである。ところが、欲望は生産の結果であり、相対的必要である他人との見栄の張り合いによる消費がその基礎となる。「ある人の消費は隣人の望みとなる。このことは、欲望が満足される過程は同時に欲望を創り出す過程であることを意味している。満足される欲望が多ければ多いほど、新しく生まれる欲望も多いのだ。・・・近代企業の戦術においては、ある製品の製造費よりもその需要をつくり出すための費用の方が重要である。・・・消費者どうしの見栄張り競争というような受動的な過程ばかりでなく、宣伝とそれに関連した積極的な活動によって、生産は生産によって充足されるべき欲望をつくり出す、・・・欲望は欲望を満足させる過程に依存する・・・それを依存効果と呼ぶ (Dependence Effect)[13]」。

　直上の内容は正にマーケティングの性格を規定する市場細分化戦略を指す。消費者ニーズを的確に掴み、細分化された市場に向けて商品を設計する。多くの研究者はそれを消費者志向という用語で持って称賛する。しかし、そのような一般的見解、Galbraith の言葉では通念に対して、経済学を基礎とする保田芳昭は痛烈に批判する。強いて消費者志向の用語を使用するならば、消費者志向を標榜しながら、その裏にあって、あくまでも従来から継続する利潤巨大化を目論もうとする企業の行動が遂行されているだけに過ぎない。市場細分化戦略は製品陳腐化戦略の併用によってのみ機能することが明らかであるからである[14]。現象するマーケティングの本性は後に消費者運動やコンシューマリズム

12) J. M. Keynes, "Economic Possibilities for Our Grandchildren," *Essays in Persuasion*, 1932, pp.365 – 366.

13) J. K. Galbraith, *The Affluent Society*, Boston: Houghton Mifflin, 1958. (鈴木哲太郎訳『ゆたかな社会』岩波書店、1960 年)、141 – 145 頁。

14) 保田芳昭「市場細分化論についての一考察」『関西大学商學論集』第 11 巻 第 3 号、1966 年。

によって露呈する。しかし、マーケティングの本性を「消費者志向」であるとした研究者はその事実を黙殺する。又、それ以降、明らかに間違ったその通念を十分に検討することなく使用する研究者が後を絶たない。もし、現象面だけを直接的に分析するならば、真実とは全く異なる結果を得ることになる。現代商品流通の本質を捉える力が求められる。

　P. L. Wachtel は社会的に求められている「豊かさ」というものの本質は「成長」であり、両者の混同がアメリカ国民の心理的根底に存在することを指摘する。一般的な認識にあって、経済成長は生活の基礎であり、それが「立ち止まる」ことは停滞や失敗を指す。これは安心と満足が何によって規定されるのかということを勘違いしているためである。経済的必要の発生は人工的に創られた必要であることを熟考しようとしないことに起因する。失業の影響は労働者に対して大きなストレスになる。それは中流階級以上の労働者にとっても同様である。国民意識としての成長志向は依存効果によって、「経済成長は常に満足を上回る必要を生み出し、結局、しだいに大きな窮乏感をわれわれに味わわせるのである」[15][16]。

　我が国の消費者の多くは平均給与が低下し、可処分所得がますます抑制される今日、経済合理性に従うならば、日常的な節約によって、将来の不安に対応するために貯蓄を増やそうとする。又は、機能的に使用価値が高い商品を積極的に購買しようと動機づけられるようになる。多くの消費者はそのような行動をすると同時に、可処分所得の一部を消費の二面性にみられるこだわりへの消費も積極的におこなう。国民全体が等しく平等な所得であると認識された時代、総中流意識それこそが隣人との競争意識を高める土台を与える。隣人が所有するものはそれと同程度又はそれ以上の価値物を購入することによって、ひとまず安心する。それは基本的に所得が接近する新興住宅街に顕著に表れる。そのような意識には依存効果がますます発揮される。ところがデフレは所得の

---

15)　P. L. Wachtel, *The Poverty of Affluence: A Psychological Portrait of the American Way of Life*, The Free Press, 1983.（土屋正雄訳『「豊かさ」の貧困－消費社会を超えて－』ティービーエス・ブリタニカ、1985 年)、21 頁。

16)　同上、3 - 38 頁。

二極化を明確化させる。繰り返せば、高額所得者と低額所得者との所得格差は明確であり、大多数を占める低額所得者は隣人との競い合うような購買の意義を低下させる。成長がみられない経済、しかし、物質的には十分に豊かな社会にあって、消費者は依存効果に影響されない消費をおこなうようになった。豊かさを多様な方向に求め始めたともいえよう。例えば、それは家の家具や備品を自らが作る、家族で家庭菜園を楽しむ等、最少経済単位内での生産と消費を楽しむような行動である。成熟社会における成熟した消費者は精神的にも豊かな消費者であるといえるのかもしれない。それが内閣府の調査結果として表れているとも理解される。誤解のないように繰り返すが、消費を控えることが美徳であると認識される社会であると筆者は認識するのではない。消費の対象が隣人の様相に左右されない、個人の関心に向いたということである。それがこだわりのある対象であればその支出が大きくなろうとも購買意欲が高まるものと筆者は考える。

　高価であってもこだわりへの積極的な購買行動が生じる理由をもう少し検討しておこう。人間の欲望や欲求は根本的に備わったものなのか、外部から与えられたものなのかということに関する石井・石原論争が我が国における代表的研究である[17]。しかし、両者の見解よりも深く、人類の歴史的事実に欲望の根拠を求めた T. Veblen によれば、衒示的消費の出発点は貴族社会にみられる社会的地位を表現するための必然的な消費をその下位にある大多数を占める消費者がそれを見習うように消費する行動である[18]。消費者は社会的・経済的な要素も含めた自らの位置付けを表現するための消費、筆者が認識するこだわりへの消費、自己表現としての消費を本来的に備わった行動としておこなうのである。確かに、消費以外にその行動が現れることもある。しかし、生産と消費が分離した現代社会にあって、その多くは購買行為として初めに現れ、その後に

---

17) 石井淳蔵・石原武政『マーケティング・ダイナミズム』白桃書房、1996 年。石原武政『マーケティング競争の構造』千倉書房、1982 年、39－49 頁。石井淳蔵『マーケティングの神話』日本経済新聞社、1993 年、7－43 頁。

18) T. Veblen, *The Theory of Leisure Class: An Economic Study in the Evolution of Institutions*, New York, 1899.（小原敬士訳『有閑階級の理論』岩波書店、1961 年）、70－100 頁。

各自の関心に合わせた行動となるものと筆者は考える。購買そのものが目的となる場合もあれば、購買対象を手段として、目的が達成されることもある。インターネット社会にあって、様々なソーシャルネットワークを活用し、価値観を共有する者同士が集まり、その場を楽しむような例がそれである。消費の二面性は現代社会に生きる我々にとって、それは特殊的ではなく、一般的な消費の一側面であると理解されるのではないか。

　先述された内容が各章において、低価格競争だけでなく、非価格競争として、商業者の経営行動として、分析される。その際の理論における注目点は小西による流通過程での交換価値の重要性や、マーケティングによる非価格競争を価格的側面から分析した E. H. Chamberin の研究である。Chamberin は競争と独占の概念が経済学において不適切に分析されていることを F. H. Knight と Veblen の見解も合わせて説明する。そして、「価値論をつくり上げるにあたって、現実の諸事実に適合する理論−換言すれば、とくに同質的でない商品に関する理論−のかたちでそれを述べることができない理由は、どこにもない[19]」と明言した。価値の実現に向けておこなわれる諸活動、例えば、店舗の立地や雰囲気、接客サービス、商標、包装等、消費者が購買意思決定する際に考慮する要素も含めた、消費者にとっての購買対象となる商品を「効用の束」として捉えた。そのような商品を構成する各要素を「生産物の質的分化」と呼び、それらが市場において優位性を導く要素であれば、それは独占的性格と認識される。しかし、そうでない要素は競争関係から逃れられない。それ故、商品は 2 つの性格を持つという意味にあって、「独占的競争力」として市場に現れるとした[20]。

　商品そのものに優位性を持った差異が存在する場合もあるが、それ以外の要素でもって競争力を高める事実も我々は経験的に理解出来る。消費者の評価基準は多様であるため、特に、流通業者は交換価値と利潤が大きくなるよう消費者にとっての使用価値を措定しながら、各要素を検討する。その結果、競合す

19）E. H. Chamberin, *The Theory of Monopolistic Competition: A Re-orientation of the Theory of Value*, Harvard Economic Studies XXXVIII, Eighth Edition, Harvard University Press, Cambridge, Massachusetts, 1962.（青山秀夫訳『独占的競争の理論−価値論の新しい方向−』至誠堂、1966 年）、12 頁。

20）同上、3 − 12 頁、72 − 90 頁。

る店舗において、同一の商品が異なる価格で販売されることになる。価格に対して敏感に反応する現代消費者への効果的なアプローチは流通業者の能力に大きく左右される。そのひとつとして、消費者にとってのこだわりの対象を措定することが鍵となる。

　最後に、我々が現代流通市場を分析する際、又は、消費者として市場に向き合う場合、市場を企業と消費者との関係、それは利益獲得を目的とする経済主体との関係、その根底には両者の対立的関係が想定されていることもあろう。それ故、市場の性格を規定する要因を理解することは「将来の流通を形成する」大切な行為である。市場の性格規定に関して、白石善章が優れた研究成果を残した。白石によれば、市場は財の流通をルール付け、消費者の経済的生活を調整する経済的制度である。市場は社会的分業を生じさせると同時に、分業そのものが市場を新たに形成するという連鎖が生じる。それ故、現象する市場は流通問題なのである。市場の内実は流通の担い手である商業の役割、消費者との関係に目を向けなければならない。それは市場の基本が相対取引だからである。商業の歴史をその発生当時から、又、地域的に異なる市場の様相から、最終的には消費者の行動やその根底にある思考のあり方が市場の性格を規定していることが明白となる。[21]

　消費者との接点にある小売業者は流通の構造上、必然的に最も消費者志向である。消費者の欲求と欲望を直接的に受けた品揃えや商品販売に係わる様々な活動をおこなわなくてはならない。当然、消費者の欲求や欲望は多様であるため、小売業者も多様な形態を形成する。その様相は最終的には製造企業の行動を規定する。市場全体を見渡せば、消費者の社会性又は功利主義的性格が反映された市場が形成されることになる。市場は消費者にとっての鏡であり、権利だけを主張するのではなく、消費者は購買に関して、自問自答する行為が精神的にも豊かな社会を形成することを忘れてはならない。

21）　白石善章『市場の制度的進化−流通の歴史的進化を中心として−』創成社、2014 年。

第1章　商業の発展

はじめに

　序章において述べたように、商業を取り巻く今日的市場環境は不安定であり、流動的である。特に、生産活動を出発点とする商品流通における末端を形成する小売業者・企業は価値実現の重要な機関であり、消費者の商品に対する購買意思決定を大きく左右する。

　現代商業経営を理解するために、商業が歩んできた歴史、特に、生産と流通と消費の関係にみられる変化をここで確認することは重要であろう。

第1節　中世における商人の社会的地位の変化

　本節では、市場の概念に関する我が国の代表的研究者である白石善章の著書『市場の制度的進化−流通の歴史的進化を中心として−』（創成社、2014 年）を紹介する。

　ギリシャ・ローマ社会の流通の労働を直接的に担っていたのは奴隷であり、人々に多大な恩恵をもたらすことは明白であるにも係わらず、商人を虚偽・詐欺と同一視し、社会制度的視点から卑しい身分であるとされた[1]。

　10 世紀、専門の商人は農業や手工業の結束点として経済発展の主役であり、大航海時代、ヨーロッパ世界の拡大の原動力であった。しかし、そのような商人に対する社会的評価は厳しく、それを克服するための課題が山積していた。商取引における不正・虚偽の問題と利益獲得の問題であった。前者について、

---

1) 白石善章『市場の制度的進化−流通の歴史的進化を中心として−』創成社、2014 年、65 – 68 頁。

まず公正証書が登場した。聖職者を中心とした一部の教養人だけしか文字を読み書き出来なかったため、彼らが公証人となった。商業の文書主義は手形・債権の証券化・会計簿記に広がりをみせ、商人自身が学習を通して、自立的にそれらを作成するようになった。それは商人への信用が社会的に受け入れられたことを示唆する。中世の商業ギルドは不正・虚偽を組織的に管理しようとするものであった。[2)]

後者について、商人は貸付利息が高率ではなかったものの、「高利貸し」と呼ばれた。時間が利益を生む原理が自然法に反するため、利子は禁止されることもあった。商品を購入し、それに何も手を加えることなく、販売する再販売行為による利益を人間の行為として許されないという一般的認識が広がっていた。商人による行為の正当性は経済的側面ではなく、宗教的倫理観が大きな壁となっていた。キリスト教への適応行動をおこなった先駆的商人は Godric であった。彼は貿易先の寺院を巡礼し、巨額の富を神の恩恵であるとし、その全てを貧者に与えた。それが評価され、聖人の位が与えられた。聖 Godric の登場により、職業の偏見が軽減され、仕事に従事することの尊さが認められ、正統な競争が促進されるようになった。[3)]

遍歴商人はキリスト教の信者として、訪れた聖地に巡礼し、献金するようになった。神の教えに反していると言われていた商人の社会的評価が大きく改善された。商人は各地の知識や文化をもたらし、聖職者に次いだ知識人となった。商人はその存在意義が認められたのである。[4)]

第2節　自由競争段階における商業

本節は筆者が基礎とする森下二次也の見解を紹介する。まずは前節との関係があり、商業を分析する際の基礎から始めよう。商業は経済の特殊領域にあ

---

2)　同上、68－73頁。
3)　同上、74－78頁。
4)　同上、79－85頁。

り、経済学の研究蓄積を活用することによって分析を進めるべきだとする。それ故、商業の分析は商業経済論と表記される。商業に関する経済学的認識の完成は「第一に、再生産における社会関係に貫徹する一般的経済法則が、商業というこの特殊の領域においてあらわれる特殊・具体的な形態を明らかにしなければならない。・・・第二に、商業に固有の、独自の経済法則をも明らかにしなくてはならない[5]」。国が異なるからだけでなく、一国における異なる時代に形成された異なった社会体制は商業に異なった特殊性を与える。それを大きく規定するのは各体制における生産様式にある[6]。

　それ故、資本主義にみられる近代的商業とそれ以前の前期的商業とは全く異なった性格であり、それは単純な商品生産と資本主義的商品生産との違いによるものである。前者の目的は異なる使用価値の消費であり、後者は利潤の拡大である。前者の商品は資本ではなく、商人の手中において、それは資本となる。すなわち、商業は生産に対する絶対的な自立性を確保している。それに対して、後者の商品はそのものが資本であり、商業は社会的総資本の再生産過程に包摂され、自立性が絶対的ではない。前期的商業と資本主義的商業における差異として、まずは生産と商業との力関係での変化であり、前者は独占的に利益を獲得し、生産者を市場から遮断した。後者は商品生産の不可欠の販売を代行するに過ぎなくなる。次に、前者は不等価交換により利潤を獲得し、後者は生産過程生産された剰余価値の一部を利益として分け与えられることになり、等価交換である[7]。

　次に自由競争段階における商業をみていこう。現実には多様な商業が存在する。しかし、ここではこの時代における商業一般を理解するため、商業資本のみを対象とする。利潤を、その結果として、資本の増殖を図る経済主体に限定されるため、生業的性格にある零細規模の商業は除外されることに注意されたい。資本主義的商業資本は自立化した商品資本であるが、それは生産者の商品

5) 森下二次也『現代商業経済論 改訂版』1977 年、6 頁。
6) 同上、1 - 7 頁。
7) 同上、8 - 16 頁。

資本である。このような商業の自立化には必然性がある。個別産業資本家が消費者に直接販売するよりも、商業を介する間接販売の方が利潤の拡大が図れるからである。産業資本家は商業者に商品を販売すれば、とりあえず、それは一時的なものに過ぎないが、販売の偶然性から解放され、それだけ生産に集中出来る。しかし、このような事実を自立化の根拠にすることは大きな誤りである。資本の全体的運動の中で捉えられなくてはならない。すなわち、商業者がその商品を消費者に販売することをもって、資本としての一循環を完了するためである。繰り返せば、商品は生産により価値が形成され、消費者への販売により価値が実現することによって、資本は社会的に回収されるからである。[8]

　分業による商業者の専門化について、産業資本が生産活動だけでなく、消費者への販売活動をおこなうことは可能である。しかし、商業資本は販売活動だけに従事するため、販売に関する専門性は産業資本に対して高くなると考えられる。両者の販売に関する専門性は個別経済主体における優位性で再度検討するならば、そのようにはならない状況は頻繁に存在する。その最も大きな要因は資本規模の差が存在する時である。それは個別産業資本の販売部門に関する資本規模が個別商業資本のそれをはるかに上回るような場合である。資本規模が大きければ経済主体の様々な要因の量的増加だけでなく、質的増加もなされるという前提があるからである。

　産業資本と商業資本は分業の結果であることからすれば、自立化の必然性は分業の中にある専門性以外に求めなくてはならない。商業者は自らが消費するためではなく、消費者に再販売するために購買するため、商品の使用価値の質的量的制限を受けない。価値実現を、それによる利潤の拡大を図るため、多様な消費者ニーズを受けた品揃え形成をする。具体的にそれは同種商品を同一産業部門の競争関係にある個別産業資本から、異種商品を異なる産業分門にあるそれらから商品を購買することを意味する。商業者は産業資本に対する販売代理人であるが、特定の産業資本に対する専属代理人ではなく、品揃え形成にみ

---

8) 同上、37－41頁。

られるように、共同代理人である。

　多種多様な生産者の共同販売代理人を担い、多様な消費者の購買が商業者の下でおこなわれる。過度な表現ではあるが、商業者は消費者にとっての購買代理人であり、それらは売買の社会化であるとも理解される。商業資本は生産者と消費者が個々に取引するよりもはるかに価値実現を容易にするだけでなく、従来購買の可能性が存在しなかった商品の販売を可能にする機会も与える。消費者が商品の存在を知らないために、あるいは生産者がそれを求める消費者の存在を知らないために生じる販売と購買の不一致を解消する。それだけでなく、資本主義の発展に伴い市場は拡大される。このような市場に対応出来ない、生産量が不足する産業資本の商品を集合させることによって、販売を可能にする[9]。

　「売買そのものの集中にもとづく販売の容易化、販売労働の節約は、販売に必要な資本の集中からはもちろん、売買操作の集中からも期待することのできないものである。それは多数の産業資本の消費資本から貨幣資本への転形を集中的・社会的に代行する商業資本の本来的性格にもとづくものであるということができる。それ故商業資本自立化の必然性は基本的にはこれをもって説明されなくてはならない。もちろんそれによって自立化した商業資本は当然にその貸付資本的性格からくる貨幣予備の節約や、分業による専門化の利益が結びつき、さらに実際上多くの場合売買操作の集中化にもとづく販売労働の軽減が随伴し、その効果が綜合的に発揮されることになる。しかし、これらはあくまでも自立化に随伴するものであって、それ自体商業資本自立化の起動因たりうるものではない[10]」。

　しかし、自立化の必然性は一定の条件下における限定的なものである。「そのような条件は自由な競争のもとでの一般的利潤率の形成によってあたえられる。つまり自由競争によって一般的利潤率が成立し、個々の資本は事実上その率によって利潤をうけとるものとなっていることが必要である。そのような条

9)　同上、41‒70 頁。
10)　同上、67 頁。

件のもとで個々の産業資本は、商品の商人への販売によって高められた一般的利潤率によって、増殖された剰余価値の分配にあずかりうるのである。と同時にこのことは、個々の産業資本家の商人利用によってうけうる利益は、その場合成立する一般的利潤率と、彼等が各別に直接最終消費者に販売していた場合に成立したはずの一層低い水準の一般的利益率の較差に相応する程度にとどまるものであって、それ以上に出るものではない、ということを意味している[11]」。

　自由競争段階において、産業資本は商業者への販売は強制的なものであり、それをおこなわない産業資本は競争的には劣位になる。「商業資本は本来産業資本から派生したものであり、産業資本の代理たるものにほかならないにもかかわらず、それは産業資本にたいして実際上支配力さえ示すにいたった。個別産業資本間の競争を利用して商業資本はそれからの購買価格を不当に引き下げ、また購買に過酷な条件をおしつけ、過大の利潤を取得した。さらにこのような事実にもとづいて商業資本は信用の利用においても産業資本よりも有利な立場に立ち、その優位性を一層高めることができた[12]」。

第3節　独占段階における商業

　独占段階は商業資本を極端に膨張させる要因が生産と消費の矛盾の激化にあった。独占資本は利潤の極大化を強引に進める。労働者に対する労働の強化と独占価格による流通過程での搾取、支配的な下請制度による収奪、発展途上国に対する資本輸出や不等価交換による略奪等による市場の狭隘化は大量生産の進展とは激しく対立し、流通過程に大量の商品を滞留させる。販売の困難は市場競争の激化であり、独占による競争の制限にも限界があり、販売のための費用は増大する。参入が容易な流通過程にあって、労働市場に溢れた人々が収入を得るため、商業資本の運動をなさない零細な商人資本が増大した[13]。

11)　同上、69頁。
12)　同上、246頁。
13)　同上、179 – 188頁。

　商業資本の存立根拠が以下の点で制限を受ける。第 1 に、信用制度の発達による貸付資本的役割を喪失させる。第 2 に、生産の大規模化、生産者による共同販売、交通機関の発達、大都市の出現等により、小規模分散性がある程度解決され、自然な形で売買が社会化されている。第 3 に、使用価値が定まった、標準化・単純化された商品はその価値実現に係わる使用価値的制限が緩和される。第 4 に、商人の自由な活動が独占価格の維持や広告活動により制限される。第 5 に、巨大独占資本は自らの組織内に商業資本と同等の販売部門を設置することが出来るようになった。¹⁴⁾

　商業資本排除の形態として、工場売り、見本市や展示会による販売、通信販売やカタログ販売、販売員による訪問販売、支店や販売事務所の開設等、独占産業資本自らが資本を拠出する場合もある。これは商業資本の直接的な排除である。¹⁵⁾

　それ以外の様相として、商業資本の 2 つの質的変化をみていこう。まずは商業資本の独占化である。この傾向は自由競争段階でも現れるが、独占段階では更に加速する。百貨店では存立根拠である売買の社会的集中の程度が高く、店舗の豪華さ、徹底した接客サービス、広告宣伝活動の強化がなされている。連鎖店は多店舗展開し、同一商品を大量に購買する基礎を形成する。又、低価格を訴求力とすることにより競争力を確保する。¹⁶⁾

　もうひとつは商業資本の従属化である。個別産業資本は協力的な取引先の選定をし、それらに対して優遇措置を与える。それであっても競争を解消することが出来ず、一定地域における取引先数を制限する限定販売に移行する。しかし、時間の経過に伴いその限界を克服するために排他的販売に到達し、諸活動の整備によって、系列化が完成される。¹⁷⁾

　商業資本家にはなり得ない小商人にも注目する必要がある。自由競争段階からその傾向はあったものの、独占段階でも小商人の数が急激に増加し、社会的

---

14)　同上、222 – 227 頁。
15)　同上、237 頁。
16)　同上、251 – 253 頁。
17)　同上、273 – 278 頁。

流通費用を著しく膨張させる。そのような小商人を独占産業資本は排除の対象
とはしない。特に、新商品を市場に導入する際、全国の隅々まで、それも消費
者との末端に位置する店舗までそれらを迅速に行き渡らせるため、小商人の存
在は非常に重要だからである。又、流通費用は膨張するが、大部分は小商人が
負担するため、流通資本の膨張にはならない。[18)]

第4節　現代商業を取り巻く環境

　現代商業は系列化にみられる独占的競争段階の後、更なる技術革新の飛躍的
発展、情報化社会の進展、バブル経済を経て、他の先進諸国に例をみないデフ
レーション経済を経験する。それらの影響を受けた具体的な経営活動は後述さ
れるため、ここでは現代商業を取り巻く市場環境について、重要な点を簡単に
且つ羅列的に記載するに止める。

　産業資本と商業資本の資本増殖の原理は異なるものであり、その矛盾を解決
するために互いに働きかけがなされてきた。個別資本間の力関係は流動的にな
る。資本規模の大きさが絶対的な優位性を確保する要素とはならず、マーケティ
ング戦略は経営諸活動の中核的存在になった。競争手段であるマーケティング
は市場環境の変化を受け、内容が変更されるものであり、市場の複雑化に伴い、
多様性を帯びる。又、この手段は流通過程にある企業においても積極的に活用
される現実があり、複雑化の様相はますます加速する。多くの企業は利益の獲
得を目指し、複数の産業にまたがって活動をおこなっている。場合によって、
性質の異なる資本間の移動もみられる。

　商業資本にとって必要不可欠な商品を生産する産業資本の行動をみても、海
外企業による国内市場への参入、海外資本の国内参入、海外への生産拠点の移
動、製品開発における社外組織への依存の高まり等、マーケティングに影響す
る要因は増加し、それぞれの影響力も強まった。寡占的製造企業は資本規模に

18）同上、279 - 281 頁。

相応する大量生産と同時に、それとは相反する市場変化に適応する柔軟性・迅速性も求められている。

　このような複雑で且つ不安定な市場をどのように捉えるのか、商業者の洞察力・観察力が経営成果に大きく反映される時代である。

おわりに

　時代背景だけでなく、地域特性を受け、特に小売店舗は品揃えやサービスを具体的に調整している。商品流通における消費者ニーズは市場において顕在化される。商業者は商品の存在なくして成立するものではないが、生産者との支配・従属関係は商業者個々の経営努力によって大きく変容する。

　古典研究が分析した対象の前提となる社会体系が不安定であることは明白であり、商品流通を経済学的に捉えようとする機能的分析は困難を極めている。そうではあっても、商品流通の原動力である特に卸売機能は消費者にはみえにくいが、生産者と消費者をつなぐ重要な役割であり、今後ますますその重要性が高まることは疑う余地がない。この領域への研究が深化することを筆者も望む。

第2章　卸売商業

はじめに

　卸売商業をどのように位置付けるのかは単純なようでなかなか難しい。一般的には製造業と小売商業との間を架橋するものであるが、現実の卸売商業は卸売活動以外にも多様な活動を行っている。そのような現実は製造業でも小売商業でも同様なものがある。それぞれの用語が表現する純粋な形での企業はかなり少ない。それは今日の市場環境の厳しさを受け、その用語に規定されない多様な活動を行っているためである。繰り返せば、生き残るために関連する分野へ業種や業態に限定されず、拡大しようとするからである。

　一応、製造業は有形の商品を生産する主体であり、小売商業はその商品を販売する主体であり、明確に役割分担を記載できる。卸売商業は製造業から商品を買い、それを小売商業や他の卸売商業に販売する主体であるが、商品の生産もそれを消費者に販売するものでもない。この点で、製造業や小売商業でのような、明確な理解が困難となる。

　本章での対象となる卸売商業は後に明らかとなるが、現実の活動は製造業や小売商業に比較して更に複雑さを増している。そのような側面が卸売商業の実態をよくわからないものとする。しかし、この不明確さは現象面においてだけではない。理論研究においても卸売商業はみえにくい実体であること、しかし、そのみえにくい理由は卸売商業の柔軟な活動力によるものであることが理解されれば幸いである。

　本章は序章、第1章、第3章と重複する部分もあるが、可能な限り異なる論点から述べていく。又、他の章では取り上げない卸売商業の事例を機能主義アプローチの視点から分析する。

第1節　理論研究の中での位置付け

　林周二の見解を大きな契機として、卸売商業の存在価値はますます低下する
という問屋無用論が体制を占めた時期もあった。[1]それは今日的研究において
も、一応に認められた一部の見解である。小売商業が製造業に対するパワーを
増強し、卸売商業を通さずに商品を購入する現象が頻繁にみられるようになっ
たとする研究成果が多数ある。又、そのような研究の素材に用いられる『商業
統計表』にも、卸売商業者数の減少は顕著に現れている。[2]市場競争のますま
すの激化は低価格競争を余儀なくするものであり、我が国の流通機構の中に
あって、高コストと認識されている卸売商業の活動が削減の対象になる。我が
国の特徴である多段階の卸売構造は必然的に取引の回数を増やす。所有権の移
転はその都度利益を発生させるものであり、高コストになる。消費者利益をよ
り広く社会的に捉えた場合、消費者を保護するという意味において、卸売商業
は削減すべき対象と認識される。これは諸外国からの我が国流通機構に対する
強い批判の1つになっている。

　このような主張を直接に受け入れるならば、卸売商業はあたかも悪しき存在
であるかのように認識される可能性がある。しかし、冷静な分析がなされなく
てはならない。流通機構というマクロ的な構造が形成されている事実はそれが
経済的にも社会的にも何らかの有用性を持つが故の必然的結果である。各卸売
商業者の利益追求という欲望だけで強引にその確たる地位を形成することが果
たしてできるのであろうか。もしそのような強引な行動が許されるならば、そ
れは卸売商業の製造業や小売商業に対する絶大なパワーの存在を必要条件とし
なくてはならない。言い換えれば、無駄なコストと承知しながら、製造業と小
売商業が卸売商業との取引をおこなうからである。このようなことが許される
と考えるのは妥当ではない。

1)　林周二『流通革命−製品・経路および消費者−』中央公論社、1962 年。
2)　「E-Stat 統計で見る日本」https://dashboard.e-stat.go.jp/dataSearch、2020 年 8 月 6 日閲覧。

　卸売商業の本質的な役割とはなにか。製造業から小売商業に、又は、他の卸売商業に商品を購入し販売する売買業務に専念するとはどういう意味なのか。ここで考えるべきことは分業である。分業により限定的な業務に熟練する。生産から消費に至る過程での機能的分化は各機関の熟練を促進させる。機能的な分化は純化と言い表される。純化とはより優れた経済的・社会的有用性の高い役割を担う過程である。繰り返すが、純化は単純化とは全く異なり、その本質的機能の豊富化を意味するものである。ここに優れて売買業務に熟練した卸売商業が登場する[3]。

　では、製造業と小売商業との間にある卸売商業の特質すべき役割とは何か。これは売買活動そのものの中にある。用語は単純ではあるが、その内容は豊富なものである。

　商業者の本質を解明しようとするならば、商業者だけを抽出して分析しても明らかになるものではない。商業者の活動は商品が流通する過程である。それは 1 つの事実として、商品の存在を必要条件とする。商品はそれが生産される過程が必要であり、生産者による生産過程が流通過程以前に存在する。資本主義経済において、商業者の本質は生産者との相対的な関係において、異なる表現をすれば、ここでの生産者とは寡占的・独占的な製造企業であるが、そのような企業の利潤の拡大活動との関係において、分析されなくてはならない。更に、その商業者は純粋な商業活動を担うものに限定されなくてはならない。その限定された活動は商品の売買活動である。そのため、運輸・保管・金融等の活動は除外されなくてはならない。

　商業者の存立する根拠を求める際、先述したように、大規模製造企業を出発点としなくてはならない。流通過程は生産過程から分離・独立した過程である。分離・独立したとあるが、それは流通過程にある商業者は自発的にその経済活動を始める事実はあるものの、理論的には生産過程の必然的な問題から商業者は自立化する。本来的に、産業資本は消費者に商品を販売し、利益を得ること

3）　森下二次也『現代商業経済論 改訂版』有斐閣、1977 年、132 - 143 頁。

になる。その販売活動を商業資本に代理させることによって、産業資本は自ら
が消費者に商品を販売する際に必要となる流通過程に係る時間と費用を軽減す
る。注目されたい点として、産業資本は商業資本に商品の販売を代理させた時
点、所有権の移転がおこなわれた時点において、とりあえず、産業資本は消費
者にその商品が販売されることの有無に係らず、利益を獲得することになる。
消費者に販売するための煩わしさから開放されるのである。それにより、産業
資本はますます生産過程に資源を投入することで、熟練しようとする。それに
対して、商業資本は分業による円滑な諸活動によって、産業資本自らが販売を
しようとする際の費用を節約する。単なる費用の節約だけではない。商業資本
は売買活動に純化することによって、販売の専門性を高め、市場を獲得する実
質的な役割を担うことになる。しかし、これらのことを持って商業資本の自立
化を説明したことにはならない。巨大な資本を持つ、産業資本が自らの資本を
拠出することによって、商業資本を自立化、または、その機能を内部化するこ
とができると考えられるからである。ここでの自立化とは産業資本が1つの商
業者を経済的な実体として成立させることを意味する。また、内部化とは産業
資本の内部に商業の機能を持つことを意味し、後者の内部化は分化・純化とは
逆行する方向である。

　商業資本の自立化は社会経済全体の中に求められなくてはならない。先述し
たように、商業者自らが経済活動をおこないたいという欲望があったとしても、
それが広く社会経済の中にそれ相応の有用性がなければ明確な地位は確保でき
ないからである。産業資本の資本拠出による商業資本の設置は商業資本として
の純粋な売買活動を成立させることはできない。それは売買活動が品揃えをそ
の前提とするからである。特に、小売の店頭にあって、品揃えは消費者を引き
付けるための重要な要素である。品揃えはある特定品目に限定される場合もあ
れば、何らかのコンセプトを中心に取り揃えがなされることもある。このよう
な品揃えはある特定の産業資本から商品を仕入れるだけでは充実しない。他の
産業資本の商品も仕入れる必要がある。場合によっては、他の産業部門にある
複数の産業資本との取引も必要になる。それによる豊富な品揃え形成が先述し

た市場の開拓を担うための重要な要素となる。それは流通の時間と費用を節約
することになる。産業資本の市場創造活動を商業資本が担い、商業資本はます
ます資本を蓄積し、大規模作業の効果により、社会経済的な貢献をする。産業
資本から商業資本が自立化する。商業資本の一部である卸売商業は小売商業と
産業資本との架橋を担う機関であるが、その純化の過程は両機関の性格の違い
に起因する。産業資本は資本主義的生産様式を代表して、大量に商品を市場に
導入しようとする。しかし、小売商業は消費者の購買局面に接近するため、小
規模分散的になる。このような両機関の全く異なる性質を効率的に結びつける
専門的機関として、卸売商業はその独自性を確保する。[4]

　産業資本の視点からみていこう。商業資本に与えられる利益は商品の販売価
格の中から支払われる。産業資本が利潤をより多く獲得するためには商業資本
に与える利益を小さくしなくてはならない。もちろん、生産コストを引き下げ
ることも重要である。しかし、それは産業資本の内部においてなされる熟練に
よる利益である。話を戻せば、消費者への直接販売という形態も選択肢として
考えられるが、実質的に商業資本への利益を極限まで削減した状態は商品流通
において不可能となる。

　商業資本は販売価格を自由に設定できる。特に、消費者と直面する小売店舗
において、様々な具体的な商業活動がおこなわれているが、全く同じ商品で、
他の条件が同じであるならば、消費者にとって購買意思決定の判断材料として
価格が重要性を高める。資本主義的生産体制は大量生産による商品を市場に氾
濫させる。消費者にとって、比較購買の対象が至る所に存在するならば、低価
格競争を必然的におこなわなくてはならなくなる。低価格競争による利益の縮
小が商業資本の内部で処理されるに止まっているならば、産業資本にとって、
さほど直接的な問題にはならない。しかし、その段階では対応できなくなり、
産業資本の利益まで縮小させなくてはならない状況に陥る。商業資本は資本を
蓄積することによって、ますますその本質的な機能を豊かなものにする。販売

---

4)　同上、54 - 70 頁。

量が多くなることは同時に、仕入量も増加する。ある産業資本からの商品の仕入量が増加すれば、それ相応の価格交渉力を商業資本は産業資本に対して持つようになる。産業資本は単位当たりの利益が縮小しても、販売量が多い商業資本に対する総利益が十分に確保されるならば、価格交渉に応ずるであろう。しかし、そのような状況が過度に進めば、産業資本にとっての総利益に影響を及ぼすことになる。商業資本は社会経済的にその存立が認められたものであり、特定の個別産業資本に従属する関係にはない。そのため、個別の商業資本にとって、様々な産業資本から集められた商品は全て平等なものとして扱われる。産業資本の意図や政策が商業資本には通用しない。[5]

　産業資本と商業資本の矛盾は特に、寡占的製造企業と大手小売企業との間にみられるようになる。矛盾を解決するための対応は複雑になり、高度化する。詳細は次章で論じられるが、それはますます卸売業の役割が重要視されることを意味する。

第2節　現代卸売商業

1．衰退する卸売商業

　デフレ現象や低価格競争の激化の中にあって、卸売商業がその本質的な役割を忘れて現在でも生き残れると考えるのは妥当ではない。そう言った点からすれば、卸売業者数の減少は役割を果たせない業者の淘汰を意味するものかもしれない。しかし、それは卸売商業そのものの社会経済的価値が低下したと理解するのは表面的過ぎる。

　そうではあっても、消費者が直接的に見聞きする卸売商業者の代表とでも言えようか、中央卸売市場の衰退は確かである。「競り」の場面は外国からの観光客が興味を持つ我が国における伝統の1つである。小売商業の規模の拡大は目覚ましく、全国至る所に出店する小売商業も珍しくない。これまでは卸売商

5）同上、251 - 268 頁。

業が担っていた商品調達も小売商業自らが内部化することも困難ではなくなった。商品の探索活動や商品を継続的に一定量仕入れることも可能になったからである。更に、小売商業のパワーはますます強大になり、プライベート・ブランド商品を販売するに至っている。この商品は小売商業が大手製造企業に小売商業独自のブランドを付与した商品を生産させるものであり、大手製造企業に対する交渉力の高まりを示している。もちろん、それ以外の商品に対する価格交渉力も強く、仕入量も十分に確保されることから、卸売商業を排除し、生産者から直接仕入れることも頻繁である。

　小売商業のこのような動きは卸売商業の直接的な排除をますます促進するものであり、卸売商業そのものの衰退を表面的には現している。しかし、卸売機能そのものの社会経済的価値が低下したのではない。その事実として、小売商業は卸売機能を内部化しているではないか。また、先述したように、卸売商業の努力不足による衰退という側面もあるが、小売商業者の成長によって、卸売商業者が相対的に弱くなったと理解される面もある。

　何度も繰り返すが、本質的役割を担わない主体が衰退するのは製造業であっても、小売商業であっても、同様である。過去にあって、そのような卸売商業も存続できるような市場環境にあったに過ぎないと考えるのが妥当であろう。

2．総合商社

　市場競争の激化を受け、製造企業によるマーケティングは登場する。当初は国内だけで活動するが、国内市場が飽和すれば、国外へと進出する。それと同時に、市場競争が激化すれば、コスト削減のための調達活動は国内外を問わず、活発化する。情報化社会が進展し、取引が容易になされる環境はますます整備されている。しかし、大量生産に見合う取引には様々な問題があり、特に、貿易に係わる諸問題はそれを専門とする卸売商業に担わせる必要がある。また、海外進出の場合、現地での様々な情報は情報化社会の進展が一般的な我々の認識ではあっても、進出先ではそうであるとは限らないからである。

　大規模商社は大規模製造企業にとって、なくてはならない存在であると言え

よう。先述した産業資本と商業資本との関係にあって、確かに、産業資本の生産する商品の存在を条件として、商業資本の存在が認められるが、それは支配従属関係と置き換えられるものではない。我が国にあって、産業資本も元々は商業者である場合が多く、また、商社優位の社会であると言われるように、産業資本と商業資本の力関係は単純に決定できるものではない。第4章において詳細が論じられるため、ここでは卸売商業が製造業との力関係において、決して弱い立場にはないことだけでも理解されたい。

3．アパレル卸売商業

　本項ではアパレル関連商品を取り扱う卸売商業を取り上げる。一般消費者にはアパレル商品を生産する企業というイメージがあり、アパレルメーカーと呼ぶことがしばしばである。靴の場合もそのように呼ばれることがある。しかし、アパレル商品や靴等を生産しているかのようにみえるものの、それらは卸売商業であることが多い。このような卸売商業をここではみていこう。

　アパレルメーカーと呼ばれていると先述したが、一般消費者はメーカーの存在を確認した上でそのように呼んでいるのではない。有名アパレルブランドの商品を店頭で見ると、商品ブランドと店名が一致する。その店舗にはそのブランドの商品が豊富に品揃えされているが、基本的に他のブランド商品はそこには見られない。そのような状況を一般消費者は見て、アパレルメーカーは小売店舗を持ち、生産と販売を行っているように感じるのである。

　しかし、アパレル企業は自社生産工場を持たない場合がほとんどである。確かに、商品の企画・開発は行っている。製品開発はマーケティング戦略で言えば、その構成要素である製品戦略の中核を形成する。そう言った点からすれば、メーカーであるとも理解される。生産工場を所有しないメーカーとでも言えようか。アパレル企業のことを製造卸売業と位置付ける見解もあり、一般消費者の認識が全く間違ったものであるとは言えない。

　ではなぜ、生産設備を持たないのか。アパレル商品は流行に合わせて生産を常に変動させなくてはならない。又、個性を表現するための材料であることか

ら、生産量を適切に調整しなくてはならない。又、あるブランドのコンセプト
に合わせて、様々な品揃えを形成しなくてはならない。更に、生産設備は固定
的な費用の投入を必要とするだけでなく、その稼働率を一定に保たなくてはな
らない。このような様々な問題は生産設備を持つことを困難にする。

　そのため、一番中核となる商品の企画・開発は自社がおこない、その生産は
生産工場に委託する。生産に係わる人件費の割合は大量生産ではないこのよう
な商品は必然的に高くならざるを得ない。そのため、国外へと積極的に生産現
場を求めることになる。また、消費者の購買意欲を高めるため、あるブランド
コンセプトに基づいて集められた商品はそのコンセプトを消費者に正確に伝え
なくてはならない。そのため、販売活動が重要となる。アパレル商品に係わる
卸売商業は生産に係わる固定的な費用を極限まで削減するものの、販売局面と
なる小売店舗そのものや品揃え、また、そこでの販売員の管理までもが必要と
なる。しかし、卸売商業は小売店の販売実績を製造企業より近くで観察できる。
また、生産に係わる様々な情報も小売商業よりも豊富に持っている。流行とい
う不安定さや不確実性による販売量の変動を平準化し、一定の販売量を確保す
るため、アパレル卸売商業は1つのブランドだけでなく、複数のブランドを管
理することが多い。それにより、あるブランドは製造販売を停止するものの、
同時に、別のブランドを立ち上げることもある。消費者からすれば、ブランド
が異なれば、他社商品のように思えるが、実際には同じ会社の異なるブランド
であることはしばしばである。このような形式に拘らず、実践を最優先する機
能主義的行動体系は卸売商業の魅力である。

おわりに

　卸売商業は社会的な売買の集中が存立根拠である。用語としては簡単ではあ
るものの、実際の内容は豊富である。流通過程において純化した、卓越した卸
売商業がそこに描かれる。市場競争が激化する中、「生き残る」のではなく、
「勝ち残る」ことはますますの熟練がなされた結果である。

　今日の市場の激化は過去のそれとは大きく異なり、産業の構造を崩壊する勢いがある。多くの企業は一応にはある産業分野に位置付けられるものではあっても、それに規定されず、他の産業分野に、それも複数の分野に市場を求めて進出しているからである。ここでは確かに純化した卸売商業はみられなくなる現実はある。しかし、本質を分析する視角はそのような表面的な現実に目を奪われない。社会的な売買の集中の内容を豊富化することができれば、表面的には純化とは逆行する活動が頻繁に見られても、何ら問題にはならない。卸売商業はその本質を軸に据えれば、他の関連する、または付随する活動も内容は豊富化されたものとなり、その成果を現す。

　小売商業が大規模化することで卸売商業が直接排除される現実を述べた。しかし、全ての卸売商業が排除されることはない。その理由を追加しておこう。小売商業はプライベート・ブランド商品を販売するパワーはあっても、基本的な品揃え形成において、大量生産された商品が占める割合が高ければ、他の小売店舗との差別化が困難となる。それを受けた低価格競争の激化は小売商業全体の財務状況を悪化させる。店舗構成や他の要素での差別化にも限界がある。競合する店舗との差別化は商業者としての本質である売買の集中、ここではその具体的な活動である品揃え形成の豊富化が必要となる。情報化社会は進展し、物流体制も充実した現在、容易に商品を調達できるようになった。このような状況の中で、消費者を引き付ける商品を探索することは逆に困難になる。このような商品の探索は小売商業では過剰な費用がかかるので、そのような難しい課題を克服できる卸売商業が求められる。

　卸売商業は生産と消費に係わる様々な情報を両方共収集・蓄積することができる恵まれた機関であるだけでなく、売買活動そのものは製造業や小売商業のような固定費を抱え込む負担が軽減されるため、様々な活動をおこなう選択肢を持つ。このような点からすれば、卸売商業は管理者の感性が豊かなものであれば、無限大のチャンスを生み出す機関であると言えよう。

第3章　卸売業の構造変化

はじめに

　日本の卸売業構造は多段階性という特徴がある。そのため、日本の流通経路が長く、非効率的で近代化が遅れていると、卸売業によく批判の矛先が向けられる。1960 年代の流通革命の時代における「問屋無用論」がその典型である。[1] しかし、それと対照的に、日本の卸売業の事業者数、従業者数、年間販売額が1980 年代まで増加し続けていた。1990 年代に入ってから漸く減少に転じ、その後、減少が続いている。[2] なぜ、1980 年代までと 1990 年代以降における日本の卸売業は異なる構造変化を辿ったのか。本章第 2 節と第 3 節では寡占メーカーおよび大規模小売業の経路政策と関連しながら、卸売業の構造変化を検討する。そして、最後は、21 世紀に求められる卸売業のあり様を展望する。第 1節では、まず、なぜ生産者と消費者の間に、一段階以上の商業者が介在しているのかを説明し、卸売業の構造形成を概観する。

第1節　卸売業の構造形成

1. 商業の段階分化

　商業者は多数の生産者から商品を仕入れて、多数の消費者に販売することで、商業者の手元に売買が社会的に集中されている。商業者は売買の社会的集中を

1）田島義博『日本の流通革命』社団法人日本能率協会、1962 年。林周二『流通革命－製品・経路および消費者−』中央公論社、1962 年。流通革命といっても論者によって解釈が様々である。代表的な論者の主張について、戸田裕美子「流通革命論の再解釈」『Japan Marketing Academy』第 35 巻 第 1 号、2015 年、19　33 頁を参照されたい。

2）E-Stat 統計で見る日本、https://dashboard.e-stat.go.jp/dataSearch、2020 年 8 月 6 日閲覧。

通して、生産者が製造した商品を消費者への販売を容易にし、販売時間、販売労働、危険に備えるための資金などの流通費用も節約する。その結果、商品流通に必要とされる流通資本が節約され、その節約された資本が生産に充用され、社会全体で生産される剰余価値が増大する[3]。商業者は利潤の源泉である剰余価値を作り出していないが、不生産的な流通資本を著しく節約するため、剰余価値の一部の分与が認められている[4]。

　商業者は売買の社会的集中によって、流通資本あるいは流通費用を節約するため、大規模化が必然的に求められる。しかし、現実では、生産者と消費者の間に一段階の大規模商業者のみ介在されていることはむしろ少ない方である。商業は卸売業と小売業に段階分化されており、そのうち、卸売業はさらに収集卸、中継卸、分散卸のように細分化されている。

　商業が卸売業と小売業に段階分化したのは、消費者の消費特性と関わっている。消費者の消費は小規模性、分散性、個別性という特性を有している。消費者の購買は必要に応じて少量ずつかつ頻繁に行なわれる。例えば、食料品を買う場合、当日の分、たとえまとめ買いをするとしても、せいぜい2、3日間の分や1週間の分しか購入しない。このような消費者が全国に分散しており、かつそれぞれ商品に対する嗜好が異なる。

　このような消費者の消費特性に制約され、消費者に直接販売している小売業は一般的に小規模で分散的にならざるを得ない。また、商圏内の消費嗜好に対応するために、小売業の品揃えは商品の使用価値から強く制約を受けざるを得ない。したがって、小売業における売買の社会的集中による流通資本あるいは流通費用の節約が大幅に制限されてしまう。このような制限を打ち破るために、資本は生産者と小売業の間に、卸売業を介在させたのである[5]。

---

3) 森下二次也『現代商業経済論 改訂版』有斐閣、1977年、54－70頁。

4) 同上、75－90頁。

5) 同上、135－142頁。小西一彦によれば、自由競争の資本主義段階では、大規模小売業の発生と発展が阻止されたのは、個人的消費の小規模性、分散性、個別性によるものではなく、小売業部門における資本の蓄積水準が低く、資本の蓄積条件も悪かったからである。自由競争の資本主義段階では、産業資本が利潤形成の主役であったため、社会の資本はより多くが生産に投下され、商業にあまり差し向けられていなかった。小西一彦『現代流通論の基本問題』神戸商科大学研究叢XXXVIII、1991年、182－187頁。

　つまり、商業が小売業と卸売業に分化したのは、商業の存立根拠から商業の大規模化が求められるが、消費者の消費特性に対応するための小売業が小規模にならざるを得ないという矛盾を解決するためである。実際、こうした矛盾を内包しない、あるいは取るに足らない程度にすぎない産業財の流通においては、卸売業と小売業の分化が見られていない。また、チェーンストア経営を導入することで、消費者の消費特性に対応しつつ、なおかつ大規模化を実現した小売業は、卸売業を排除しようとしている。後者の方は 1990 年代以降の卸売業の急減にもつながり、卸売業の構造変化に大きな影響を与えた。第 3 節では改めて検討する。

２．卸売業の細分化

　卸売業は一段階にとどまらず、複数段階に分化されている。その典型は収集卸、中継卸、分散卸のような細分化である。収集卸は、生産者から商品を買い集め、中継卸や産業用使用者に商品を販売する。中継卸は、分散卸や産業用使用者へ、そして、分散卸は小売や産業用使用者に商品を販売する。一般的に中継卸が大規模商業者であるのに対して、収集卸と分散卸が比較的に小規模である。

　卸売業が分散卸と中継卸に分化した理由は、商業の小売業と卸売業への分化に共通している。つまり、商業は必然的に大規模化が必要とされるが、中小零細規模の小売業や産業用使用者に対応するための分散卸が小規模にならざるを得ないという矛盾を解決するためである。

　他方、生産者と中継卸の間に収集卸を介在させたのは、現実の資本主義社会では中小零細規模の生産者が依然として数多く残存していることと関わっている。本来、大規模化していく生産者が流通資本をより多く節約するために、流通資本の一部である商業資本の大規模化を要求する。大規模な中継卸がまさしくこの要求を体現している。しかし、商業者に商品を販売するのは大規模生産者だけではなく、多数の中小零細規模生産者も含まれている。大規模商業者が多数の中小零細規模生産者と取引する場合、大規模生産者が多数の中小零細商

業者と取引する際と同じように、かえって不効率的になり、商品流通に必要とされる流通資本が膨れ上がってしまう。不生産的な流通資本の膨大化を回避するために、生産者と中継卸の間に収集卸を介在させたのである[6]。

卸売業の多段階構造はもとより、卸売業が介在するだけで、商品流通が非効率的になると思われ、卸売業が批判の的になりがちである。しかし、前述のように中小零細規模の生産者や小売業者、産業用使用者の存在など、一定の条件が揃えば、卸売業、場合によっては複数段階の卸売業を介在させた方が社会全体の流通費用が節約される。

したがって、重要なのは卸売業が社会全体の流通費用を節約できるにもかかわらず、排除される現象、あるいは表面上では卸売業が拡大しているように見えるが、実質上では自立性を失い、後退する現象、または、本来ならば収縮し消滅すべき卸売業があるにもかかわらず、残存し続ける現象を生み出したメカニズムを理解することである。こうした現象が実際に 1960 年代から 1980 年代に至って観察されており、これを理解するには、1960 年代から 1970 年代にかけて寡占メーカーが完成させた流通系列化を抜きにしては語れない。

第2節　寡占メーカーと卸売業の構造変化

1960 年代から始まった流通革命の議論は、論者によって流通革命の内容や方法、主役、視点などは異なるが、大量生産と大量消費を結びつけるための流通機構の近代化が進めば、卸売業が流通から排除されていく、あるいは排除された方が望ましいことが共通した認識である。しかし、現実では、日本の卸売業の事業者数、従業者数、年間販売額が 1980 年代まで増加し続けた。また、流通経路も短縮されず、多段階で非効率的のままであった。これをもたらしたのは、寡占メーカーによる流通系列化であった[7]。

なぜ寡占メーカーが流通系列化する必要があるのか。寡占メーカーが大量生

6）　森下二次也、前掲書、144 - 145 頁。
7）　小西一彦「卸売業の構造変化」成田景堯・秦小紅編著『流通入門』五絃舎、2020 年、157 - 160 頁。

産体制を確立しており、やがて過剰生産が常態化するため、市場をめぐる販売
競争がますます激化していく。販売競争が激化する中で、寡占メーカーは市場
の維持と拡大、また、超過利潤を獲得するための高市場価格の維持を実現しよ
うとする。しかし、自立性を持つ商業者を通して、寡占商品を販売すると、こ
れらの目的が達成しにくくなる。なぜなら、商業者は利潤を得て販売できる商
品であれば、基本的に無差別に仕入れて販売するからである。商業者は特定の
生産者のために特別な販売努力をしない。また、商業者も厳しい競争に直面し
ており、競争に対応するためによく商品の販売価格を引き下げて販売する。自
立性を持つ商業者のこうした本性は、高市場価格の維持や寡占商品の市場維持
と拡大を実現しようとする寡占メーカーの要求と根本的に矛盾する。

　矛盾を解決するために、寡占メーカーは商業者を排除し、自ら販売に携わる
しかない。支店や営業所、販売会社を設立し、卸売業者を経由せずに直接小売
業者へ、さらには直接消費者に販売を行っていく。しかし、商業者を排除して、
自ら販売活動を行うことは、商業者を利用する際と比較してより多くの流通費
用あるいは流通資本が必要とされる。もし追加流通費用が、高市場価格の維持
によって獲得した利潤で補えない場合、寡占メーカーは決して商業者を排除し
ようとしない。これは商業者排除の限界である。この限界にいたると、または
限界にいたる前に前述した矛盾を解決するためのより良い方法があれば、寡占
メーカーはそれを選択する。この方法はまさしく流通系列化である[8]。

　流通系列化は、寡占メーカーが販売価格の維持や販売量の増大を実現するた
めに、卸売業者と小売業者を組織化し、再販売価格、取扱商品、仕入先、販売
地域などにおいて彼らの活動をコントロールする流通経路政策のことである[9]。

　流通系列化は、まず既存の商業者に自社商品の優先販売を要請する。次に、
売れ行きを問わず、全商品の取扱いを強制する。最後は競合する他社商品の取
扱い制限や禁止までも行う。商業者に自社商品のみを取扱わせることが制度化
されると「専売店制」となる。寡占メーカーが自社の流通経路政策に協力的な

---

8)　森下二次也、前掲書、228－250 頁。
9)　秦小紅「生産者と流通」成田景堯・秦小紅編著『流通入門』五絃舎、2020 年、191 頁。

卸売業者を選定し、系列内企業間の競争を抑制するために、卸売業者の販売地域を制限する「テリトリー制」も制定する。また、系列化された小売業者に対して、仕入先を系列化された卸売業者に限定させる「一店一帳合制」を遵守させる。さらには、寡占メーカーは系列店による商品の販売努力を引き出すために、多種多様なリベートを提供するとともに、信用の提供や経営合理化の指導、従業員の教育など多様な販売店援助も行い、商業者の経営に実質上に参加する。

このように系列化された商業者が、自立性を大きく喪失してしまう。特に流通系列化の最高形態である専売店制は、商業者を排除していないが、売買の社会的集中という商業者の本質を否定している。ここでの商業者はすでに特定の寡占メーカーに専属した販売代理業者と実質上異なるところがない。寡占メーカーは流通系列化を通して、商業者排除と同じ目的を達成できるだけではなく、流通費用あるいは流通資本を節約することもできるため、商業者排除と比べて寡占メーカーにとってより優れた流通経路政策ともいえる。

しかし、寡占メーカーにとって、商業者排除より流通系列化の方が流通費用を節約できたとしても、自立性のある商業者を介在させた時と比べて、寡占メーカーが負担する流通費用が大きく膨張する。なぜなら、自立性を持つ商業者の介在で節約していた流通費用が復活し、これがさしあたり寡占メーカーが負担しなければならないからである。それに加えて、流通系列化の構築・維持に必要な販売店援助費用も負担することになる。それにもかかわらず、あえて流通系列化を行うのは、寡占メーカーにとって過剰生産と販売競争への対応がより喫緊の課題だからである。しかし、増大した流通費用は結局のところ、高市場価格の維持によって回収される。寡占メーカーが出荷価格はもちろんのこと、卸売段階および小売段階の販売価格も設定し、系列化された商業者にその維持を強制する。つまり、「建値制」である。1950 年代に施行された「独禁法適用除外」規定で建値制の合法化を契機に、寡占メーカーが再販売価格の維持を徹底させることが可能となった。[10]

---

10) 森下二次也、前掲書、273 − 278 頁。小西一彦、前掲書、2020 年、160 − 163 頁。

　流通系列化は早くも 20 世紀初頭から行われていたが[11]、「独禁法適用除外」という法的措置の助力もあり、本格化するのは 1960 年前後のことである。この頃から自動車、家電製品、化粧品、加工食品、医薬品、日用雑貨品など多くの業界で流通系列化が展開されるようになった。例えば、花王は 1963 年に卸段階へ、1964 年に小売段階への再販売価格維持制度を導入した。また、1963 年より花王製品を専門に扱う販売会社を従来の代理店との共同出資で設立し、1969 年になると、その数は全国で 130 社にも及んだ[12]。

　寡占メーカーの方針に協力することで、各種のリベートや販売店援助を受けられるだけではなく、寡占メーカーが設定したマージン率で利益が保証され、経営の安定化にもつながる。そのため、自立性をほとんど失うことを知りながら、系列化されることを望む商業者が数多く存在していた。1980 年代まで卸売業が量的拡大を続けてきた。この中には、本来であれば消滅するはずであるが、系列店になることで生き残った卸売業者も数多く含まれている。この時代では、表面上では卸売業が拡大していたように見えるが、実質上では自立性を失い、後退したと言わざるを得ない。自立性を取り戻し、経営の在り方を大幅に変更し、現代にふさわしい卸売業に転換する機運が 1990 年代に入って高まった。

第3節　大規模小売業と卸売業の構造変化

　卸売業は 1990 年代から 2000 年代にかけて大幅縮小した。2014 年の事業者数、従業者数、年間販売額はピーク時の 1991 年と比べて、それぞれ約 20%、18%、38% が激減した[13]。量的縮小だけ見れば、1960 年代の流通革命で予想していた

11）　例えば、資生堂は 1910 年代から 1930 年代にかけて卸売業者を特約店・特定代理店にし、小売店を専売店に組織化した。また、1927 年から 1937 年までの間に、資生堂が設立した販売会社の数は 60 社にも達した。これらの販売会社の多くは従来の特定代理店との共同出資で設立されたものであり、資生堂からの役員も派遣されていた。佐々木聡『日本的流通の経営史』有斐閣、2007 年、5 – 101 頁。

12）　佐々木聡「花工初期販社の設立過程と経営状況」『経営論集』第 55 巻 第 2・3 号、2008 年、95 – 126 頁。

13）　E-Stat 統計で見る日本、https://dashboard.e-stat.go.jp/dataSearch より算出。

卸売業の排除が現実となったようにみえる。しかし、この時期では、卸売業の大規模化、総合化、国際化、さらにはマージン率の向上が観察されており、卸売業の中身を見れば、衰退しているとはいえない。1990年代以降における卸売業の構造変化の背景には、大規模小売業の発展やその発展に伴う寡占メーカーの流通系列化の見直しが大きく関わっている。[14]

　戦前、日本における大規模小売業と言えば、百貨店しかなかった。しかし、1950年代後半にスーパーマーケットが登場し、チェーンストア経営を導入することで、1960年代から1970年代にかけて目覚ましい成長を遂げた。その後、大型総合スーパーチェーンの発達や、フランチャイズチェーン形態によるコンビニエンスストアの発展、さらには1980年代に入ってから、ホームセンターやディスカウントストア、ドラッグストアなどの新しい小売業態が台頭した。

　また、1980年代に入ると、「大規模小売店舗法」をはじめとする各種流通規制に対して、国内外からの批判が高まり、流通規制緩和が進められるようになった。流通規制緩和が追い風となり、大規模小売業が全国各地への出店を加速し、広域化も推し進めた。さらには、大規模小売業がPOS（Point of Sales）システムをはじめ、EOS（Electronic Ordering System）やEDI（Electronic Data Interchange）などの情報技術を積極的に導入し、情報の収集、処理、活用能力を飛躍的に向上させた。このように1980年代以降、小売業全体として、大規模化、広域化、業態化、情報化といった本格的な構造変化を経験し、1990年代における第2次流通革命の牽引役となり、卸売業の構造変化にも大きな影響を及ぼした。

　大規模小売業の発展に伴って、多くの中小零細小売業が廃業となった。小売業の店舗数は1982年をピークとして減少に転じ、2014年の店舗数がピーク時のおよそ半分に激減した。そのほとんどは10人以下の中小零細小売業であった。[15]その結果、中小零細小売業を経営基盤とした多くの卸売業も倒産に追い込まれた。これは、1990年代以降における卸売業の量的縮小をもたらした一

14）小西一彦、前掲書、2020年、153－156頁。久保村隆祐・流通問題研究協会編『第二次流通革命』日本経済新聞社、1996年。

15）E-Stat 統計で見る日本、https://dashboard.e-stat.go.jp/dataSearch、2020年8月13日閲覧。

因となった。しかし、大規模小売業の発展がもたらしたのは、卸売業の量的縮小という消極的な側面ばかりではない。卸売業の大規模化、広域化、総合化、そして、抜本的な経営改革も促進させた。

大規模小売業の広域化と業態化に伴って、卸売業者が自社の営業・物流エリアを拡大し、業種別ではなく総合的あるいはフルラインでの品揃えを提供するために、同業種・異業種卸間の吸収、合併、連携を盛んに行った。例えば、日用雑貨卸において、1990年に九州の有力地域卸10社が合併しサンビックを設立した。また、同じ1990年に北海道有力卸ダイカが青森県の地域卸ネタツ興商を合併し、東北地域への進出を果たした。このことに危機感を抱いた東北の地域卸8社が1991年に東北広域流通協同組合を発足させた。そして、1995年に東北広域流通協同組合を母体に、東北有力卸4社が東流社を設立し、東北地域の連合を実現した。このような吸収、合併、連携が2000年代にかけて全国で繰り広げられており、のちに、あらた（業界2位）やJ-NETグループ（業界3位）といった全国卸を誕生させた。また、加工食品卸、酒卸、菓子卸、日用雑貨卸など異業種卸間での連携は食品スーパーの総合的な品揃えや物流に対応できる総合卸を目指す国分や菱食などの有力加工食品卸によって主導されていた。[16]

活発な吸収、合併、連携を通して、卸売業者は取扱品目数や卸売業機能を拡充し、地域卸から広域卸、さらには全国卸へと空間的な事業拡大も実現できた。つまり、大規模小売業の発展は、卸売業の大規模化、広域化、総合化を促進したのである。実際に1990年代以降急減した卸売業者がほとんど個人商店であり、法人がそれほど減少していないことはその証ともいえる。

大規模小売業の発展によって、卸売業に抜本的な経営改革も迫られた。これは寡占メーカーによる流通系列化の見直しとも関連している。大規模小売業はバイイングパワーやPOSシステムに基づいた情報力をもとに、卸売業者や寡占メーカーに対して仕入価格の引き下げを厳しく要求していた。販売において

16）三村優美子「卸売流通の革新」久保村隆祐・流通問題研究協会編『第二次流通革命』日本経済新聞社、1996年、147−148頁。佐々木聡『中部地域有力卸売企業伊藤伊の展開』ミネルヴァ書房、2019年、2−14頁。

は、バブル崩壊後の消費者の低価格志向と激しい競争に対応するために寡占メーカーが設定した再販売価格を下回る価格で寡占商品を販売していた。それによって、建値制の維持が難しくなった。また、大規模小売業が広域化に伴って、本部による一括仕入を強化したため、テリトリー制で販売地域が制限された系列卸売業が対応できなくなった。これらの限界は独禁法の規制強化とも相まって、1990年代に入ってから、寡占メーカーは建値制からオープン価格制への転換、販売会社の統廃合による商圏の広域化、リベートの簡素化や廃止など、流通系列化を大きく見直さざるを得なかった。例えば、松下電器産業は1992年、当時2万5,000店あった系列店の組織「ナショナル店会」を解散し、101社あった販売会社を27社に集約化した。また、花王は1982年から地域販社の統合を進め、1993年に8つの広域販社に集約化した。そして、この8つの広域販社をさらに1999年に1つの全国統合販社に集約化し、2004年になると、これまでの卸売業者との所有関係を断ち切り、花王の完全子会社に転換させた。[17]

　大規模小売業の発展に伴う流通系列化の見直しは、これまで寡占メーカーの方針に協力することで、売上と利益がある程度保証された卸売業者に抜本的な経営改革を迫った。なぜなら、寡占メーカーと大規模小売業者は従来の卸売業者の排除や系列化ではなく、卸売業者の「選別化政策」あるいは「重点卸化政策」を採用したからである。選別化政策とは、売買の社会的集中という卸売業者の本質を認めたうえで、大規模小売業者と寡占メーカーの経営の考え方や方法に適合する条件を有する卸売業者だけが取引先として選択される経路政策である。[18]

　つまり、物流システムや情報システムを整備し、高度な物流機能と情報機能を果たす卸売業者に取引が集中されるようになった。他方、こうした条件を満

17）鷲尾紀吉「マーケティング・チャネルの変化と卸売業者の重点機能」『情報研究』第21号、1999年、153 - 165頁。佐々木聡「花王広域販社の全国統合と統合直後の経営状況」『経営論集』第55巻 第2・3号、2013年、27 - 43頁。
18）小西一彦、前掲書、2020年、168 - 171頁。左記の文献では、大規模小売業はなぜ卸売業の排除、系列化、従属化をしなかったか、あるいはできなかったかの理由も述べられている。

たさない卸売業者が取り残され、やがて淘汰されていく。前述した、同業種・異業種卸間の吸収、合併、連携の活発化、それに伴った、卸売業者の大規模化、広域化、総合化もこうした選別化政策によって促進された。

　1990 年代以降、卸売業が著しい量的縮小を経験した。一見して卸売業が衰退しているようにみえるが、売買の社会的集中という商業の本質を貫き、自立性を持つ経営が可能となったため、むしろ進歩したと評価すべきである。

おわりに

　日本の卸売業は 1980 年代までは寡占メーカーの流通系列化に組み込まれたことで、必要以上に量的拡大を続けてきた。しかし、売買の社会的集中という商業の本質が否定され、自立性が大きく喪失し、実質上、寡占メーカーの販売代理業者とほとんど変わらなくなった。その後、大規模小売業の発展とその発展に伴う流通系列化の崩壊が 1990 年代以降における卸売業の量的縮小をもたらした。他方、大規模小売業と寡占メーカーによる選別化政策への転換をうけ、卸売業が自立性を持つ経営が可能となった。1990 年代から 2000 年代にかけて、卸売業の大規模化、広域化、総合化、さらには、抜本的な経営改革が推し進められた。この時期は量的縮小が最も著しかった時期であると同時に、卸売業の近代化が最も目覚ましい時期でもあった。

　20 世紀の終わりに入って、日本の卸売業はようやく商業者としての自立性を維持しながら、本格的な近代化を迎えた。この過程は、経営の効率化や近代化を実現できなければ、淘汰されていく厳しい一面がある他方、抜本的な経営改革が成功すれば、取引が集中されるチャンスが訪れる一面もある。メーカーと小売業の両方から求められる機能、具体的には、一括物流システム、納品の迅速化や高精度化といった物流機能や、商品の売れ筋・売り方の情報の提供、または小売業者の情報化への対応といった情報提供・情報集約機能を強化する

ことは 21 世紀における卸売業にとって、ますます重要になると考えられる。[19]

　また、これまでは流通系列化のもとで、もっぱらメーカーの販売代理機能を果たしてきたが、これからは、小売業、したがって消費者の購買代理機能により力を入れる必要がある。そのため、小売業のニーズに応じて、品揃えをはじめ、売場づくり、販売促進、システム開発、従業員の教育・指導などの多様な側面において、高度なリテールサポートを提供しなければならない。[20]高度なリテールサポートを提供することは、卸売業にとって最強の競争手段になるだけではなく、小売業、したがって消費者のニーズを満たし、小売業の売上と利益を向上させることもできる。その結果、卸売業自身の売上と利益の増加にもつながるのである。そのため、21 世紀における卸売業にとって、高度なリテールサポートを提供し、その提供を担える人材の育成も急がなければならない。

19)　鷲尾紀吉、前掲論文、161 − 163 頁。
20)　宮下正房『卸売業復権への条件−卸危機の実像とリテールサポート戦略への挑戦−』商業界、2010年。

第4章　総合商社

はじめに

　国内にとどまらず海外にも強力な商業力を持ち、同時に生産者に対しても優位性を持つ日本独自にみられる特殊な業態として「総合商社」がある。2020年3月期における7大総合商社の売り上げ（連結）は三菱商事14兆7,797億円、伊藤忠商事10兆9,829億円、三井物産6兆8,850億円、丸紅6兆8,276億円、豊田通商6兆6,940億円、住友商事5兆2,998億円、双日1兆7,548億円である[1]。

　諸外国にも大規模な商社は存在しているが、日本の総合商社のように幅広い商品を取り扱う商社は存在しない。日本独自の形態であることから英訳することができず、英文表記でも「SogoShosha」が使用されている。また三菱商事は社名を英語にしてもMitsubishi Corporationであり、三井物産もMitsui & Co., Ltd.であり、「商事」や「物産」を表す用語もみられない。総合商社の事業は幅広いことが示唆される。

　商社の歴史を振り返っても第二次世界大戦前においては、生産者に対して強い地位を誇っていたが、戦後には戦前と比べ物にならないほど弱体化され、「商社斜陽論」提唱にもつながった。これも戦後の復興政策、とくに原料割当政策や傾斜金融政策によって、鉄鋼をはじめとして生産者の再編・強化が国家の手で推進されたことが要因であった[2]。

　また、経営破綻寸前だった総合商社も2000年代以降に中国の資源バブルに支えられ、爆発的に大躍進した。しかし、2012年に中国経済の減速とともに

1)　各企業のHPより引用。
2)　商社機能研究会編『現代総合商社論』東洋経済新報社、1975年、10頁。

バブルが弾けると、資源価格の下落が総合商社の収益を悪化させ、2015年度には三菱商事、三井物産において社史上初の連結純損をが計上された[3]。しかし、総合商社はこのような経営危機を幾度となく経験しても、その危機を乗り越え、その都度、規模を拡大してきた。

このように危機を乗り越え、成長できたのは、総合商社が生き残るために機能を追加してきたことで存在意義を作り出してきたから、と考えられる。本章では総合商社の歴史、機能の観点から総合商社の活動の変遷を考察することを目的とする。

第1節　商社の役割

日本の商社の起源は、江戸時代末期に坂本龍馬が勝海舟とともに組織した「亀山社中」という海運会社と言われている。「亀山社中」は物資の運搬や貿易の仲介を主たる業務とし、倒幕運動に必要な軍備を入手したい薩摩藩と長州藩に向けてイギリスとの貿易で仕入れた外国の軍備や軍艦を販売していた[4]。商社は明治初期に製糸業の発展を強く支え、製糸機械、紡績機械、発電設備などを輸入し、国内で製造した完成品の生糸、綿糸、織物などを輸出していた。明治維新当時、ヨーロッパ諸国は植民地の分割を終わり、アメリカもその分割競争に参加してきた。日本はその中に後進国として組み込まれた。日本は近代工業の発展に不可欠な鉱物や化石燃料などの天然資源を始めとする原料を海外から輸入しなければならず、その原料獲得のために工業製品を輸出しなければならなかった。商社はそのために国を挙げて育てられた国策会社であった。

商社とは読んで字のごとく「商（あきない）」を生業とする会「社」である。商社が行う商業活動とは企業から仕入れ企業へ販売する企業間取引の卸売であることから、商社の基本的な機能は取引機能である。生産者は商品を製造することに長けているが、消費者に直接販売することには長けておらず、商業者の

3）榎本俊一『2020年代の新総合商社』中央経済社、2017年、1頁。
4）一般財団法人日本貿易会 HP。

中でも特に小売業者に最終消費者への商品販売をゆだねている。この生産者と小売業者を結びつける仲介役が商社や卸売業者である。

　商社の起源である亀山社中が貿易業務に携わってきたことからも明らかなように、商社、特に総合商社は国内だけでなく、世界各国に拠点を構えている。日本は天然資源が乏しいため、海外からの資源輸入に頼らざるを得ない。商社が海外から天然資源を輸入し、国内の生産者へ販売することや、国内の生産者が製造した商品を海外へ輸出する貿易も担っている。

　商社の基本的な役割を大きく2つに分けるとトレーディング事業と事業投資（バリューチェーン）になる。トレーディング事業とは先述したように生産者と小売業者の取引を仲介することである。国内取引だけでなく、輸出入貿易も含めて海外との取引の仲介を行い、円滑に商取引が行われるようにサポートする。トレーディング事業の基本姿勢は取引規模を拡大することで得られる仲介手数料の増収である。トレーディング事業は「売上至上主義」に立ったビジネス・モデルである[5]。

　しかし、1990年代に伊藤忠商事が低効率・不採算資産や巨額の有利子負債を抱えて経営破綻の危機に瀕した状況は商社に共通した出来事であった。それまではトレーディング事業を収益の柱においていたが、デフレ経済下において薄利多売のビジネス・モデルでは企業成長が期待できず、新たな収益の柱を求めて川上・川下への事業投資へ取り組むようになった[6]。それまでも販売代理店への商社金融、生産者への事業投資へ取り組んできたが、その目的は取引高の拡大に置かれ、投融資に伴う受取配当金や持分法投資損益は付随的な収益であった。

　2000年代に入り、新たな収益の柱として事業投資（バリューチェーン）へと本格的に乗り出した。バリューチェーンとは川上である原材料の調達から加工、製造、流通販売、アフターサービスと川下に向けての一連の事業活動に価値を提供することである。三菱商事はバリューチェーンを構築したことで「総合事

5）榎本俊一『総合商社論』中央経済社、2011年、8-9頁。
6）同上、14-15頁。

業会社」へと自己変革したとしている[7]。

　総合商社がバリューチェーンを構築することで、商流の川上である資源・原材料から川下である最終商品までの各段階において取引を基本としながらも、情報・ノウハウ・チャネルが生かされた事業投資が可能になる。この事業投資はトレーディング事業や金融と組み合わさることで新規事業への積極的な創出も可能になる。総合商社は先述した役割を遂行するために、商取引機能をはじめ様々な機能を駆使してビジネスを展開している。近年では経済のグローバル化やIT革命といった大きな環境変化の中でも、機能を高度化させ、時代に合わせて変化していることから、商社の基本的な機能を明確にしておきたい。

　①商取引機能…企業から仕入れ、他の企業へと販売する商取引であり、総合商社の中心機能である。商取引機能の具体的な内容は商品の独占的な取扱いでもある、一手販売権である[8]。商取引は国内取引、輸入出取引、三国間取引の3つに分類される。また取引に伴って物流、金融、保険、法務・審査などの関連サービスも提供する。

　②情報・調査機能…世界中に張り巡らせたネットワークを通じて、世界各地の政治経済情報、産業・企業情報、先端技術情報、市場・マーケティング情報等、広範多岐にわたる情報を収集・分析し、経営戦略の立案や事業計画に活用している。商社の収益の柱がトレーディング事業と事業投資であることから鑑みても、情報の収集・活用は商社にとって重要度がますます高くなっていくと考えられる。

　③市場開拓機能…世界中に張り巡らせたネットワークを通じて、情報取集・分析を行い、需要と供給をマッチングさせて市場開拓を進める。

　④事業開発・経営機能…社会・産業の変化のなかで、満たされないニーズに対して、情報収集・分析、原材料調達、商品販売、物流手配、資金調達、人材育成などの機能をフルに活用することにより、ニーズを満たすための新たな商品・サービス開発と事業化を支援・育成する。

7）三菱商事 2008 年 3 月期アニュアルレポート。
8）藤澤史郎「商業独占と大資本卸売業」『現代商業総論』実教出版社、1988 年、75 頁。

⑤リスクマネジメント機能…総合商社は事業を行う上でリスクを最小化する方法を取る。特に発展途上国の大型事業や新規成長分野でのベンチャー事業など、高いリスクマネジメントが求められる場面では、適切なパートナーの選択や責任分担の適正化等を行う。

⑥ロジスティクス機能…陸・海・空を問わず最適な物流手段を提供する。また最近は自から物流事業に関わり、ITを活用した効率的な物流情報システムの構築や、倉庫・流通センターといった物流施設の運営にも参入している。

⑦金融機能…銀行などの金融機関とは異なる商社独自の金融機能である。取引先に対する立替与信、債務保証、商品ファンドの提供などである。近年は有望なベンチャー企業にリスクマネーを提供し、育成を支援するベンチャーキャピタル機能を提供するなどしている。

⑧オーガナイザー機能…プラント商談や資源開発など大型プロジェクトの推進に際して、総合商社が持つ各種機能を有機的に組み合わせ、情報収集、企画・立案、資金調達、原料調達、商品販売先の開拓等を包括的に遂行する機能も有している。

以上のように商社の機能は大きく8つある。この中で総合商社の本質的な機能は商取引機能である。[9] 商取引機能以外の7つも重要であることに変わりはないが、これらは本質的に商取引機能に付随して派生してくる機能である。

第2節　専門商社と総合商社の棲み分け

商社は取り扱う商品により「総合商社」と「専門商社」に分類される。総合商社は、かつては「カップラーメンからミサイルまで」と言われ、現在では「ミネラルウォーターから通信衛星まで」と言われている。このように総合商社は、2、3万種類の商品を取り扱い、取扱商品の幅がない商社を指す。しかし、それだけで総合商社を定義づけることはできない。総合商社の研究が本格的に始

---

9) 同上、75頁。

まった 1960 年代ごろから様々意見があり、統一的な定義がなされていないと指摘されてきたが[10)]、本稿において以下の考えを基に展開してきたい[11)]。

①取引商品が多種類にわたること。②国内および海外に多数の支店・出張所をもち、その取引分野が国内商業・輸入出貿易および三国間貿易（外国間貿易）にわたること。③取引高が巨大であること。④一方で機械・技術・原材料を産業に提供し、他方ではその製品のための市場を開発するという活動を通じて、産業に対するオルガナイザー[12)]の役割を果たすこと。⑤一手販売権の獲得などのため資金の供与によって、多くの子会社・関係会社をもち、持ち株会社的性格を備えること。⑥近代的経営管理システムを有すること。

一方、総合商社以外の商社は専門商社となる。専門商社は総合商社のように広い領域で事業を展開しておらず、特定の事業分野に特化して売上比率の50％ 以上が特定の商品を取り扱う商社のことである[13)]。中には自社ホームページなどで総合商社と記載している商社もあるが、本章では上記の内容をもとに区別する。専門商社は総合商社のように幅広い領域の商品を取り扱うことはないが、特定分野に特化しているのでその分野において強みを発揮する。

高度経済成長期に差し掛かった日本では、資源輸入の拡大や、輸出市場の拡張整備において大掛かりな組織力と信用力を必要とする中で、総合商社がその牽引役を務め、海外との橋渡しをする役割を果たした。このことからもわかるとおり、総合商社は単に複数商品を扱う商社ではなくオーガナイザー機能を有している商社ということができる[14)]。

総合商社は世界規模での複数商品をオーガナイズできる力を有している一方で、特定地域の取引や顧客の要望通りの商品を提供するなど、細かな動きで細

---

10) 栂井義雄『三井物産会社の経営史的研究−「元」三井物産会社の定着・発展・解散−』東洋経済新報社、1974 年、9 頁。

11) 川辺信雄「商社」『戦後日本経営史 第 III 巻』東洋経済新報社、1991 年、139 − 140 頁。

12) 原文を引用したことで「オルガナイザー」と表記したが、本稿では原文を引用する以外においては日本貿易会の表記に基づき「オーガナイザー」を使用する。

13) 髙木直人「総合商社と専門商社」『商業概論』中央経済社、2019 年、45 頁。

14) 浅野展正「総合商社の存在意義についての考察」『商大ビジネスレビュー』兵庫県立大学大学院経営研究科、2014 年、3 頁。

部に至るまでのニーズを満たすことに活路を見出しているのが専門商社である。このように総合商社と専門商社は複数の商品をオーガナイズできる力を持っているか、否かという点で棲み分けがされている。

第 3 節　総合商社の生成と 7 大総合商社

　総合商社を分析するに当たっては第二次世界大戦を分岐点にする必要がある。それは明治維新から第二次世界大戦前までの商社は国の意向を受けた軍事的・封建的な性格を有していたからである。[15]明治維新当時、日本は政府事業を起こし、勧業政策を強行するなど、近代産業の移入発展を企画し、その実施過程において商社が資金的源泉として大きな役割を果たした。

　まず、生まれてきたのが三井物産、三菱商事の源流であるいわゆる財閥系総合商社である。江戸時代の元禄の頃、呉服商・両替商として事業活動を行っていた三井一族が、今日の三井物産の前身であり、1876 年に三井物産を設立した。三井物産は三池炭田の石炭の一手販売、政府米の輸出、軍用ラシャや毛布の輸入など、明治政府の手厚い保護のもとに、国策会社的色彩を強めながら事業規模を拡大し、明治末年には日本の輸入出の 20% 強を占める貿易会社となった。

　一方、三菱商事は土佐藩・岩崎弥太郎が 1870 年に設立した九十九商会が源流である。その後、何度かの組織変更・社名変更を経て、1894 年に三菱合資営業部が設けられ、その中の売炭部が 1896 年に独立したのが今日の三菱商事の直接的な前身である。筑豊炭田の石炭輸出を主要業務[16]とし、日本の開国に伴う殖産興業政策を牽引した。三井物産、三菱商事共に明治政府の保護のもとに成長してきたことから政商としての商社の意味合いが強い。[17]

　三井物産、三菱商事と共に財閥系総合商社となるのが住友商事である。住友

---

15)　梅津和郎『日本商社史』実教出版、1976 年、10 頁。

16)　三菱商事は石炭の輸出から事業を始めた歴史は、現在においても三菱商事の定款第 2 条 第 1 項において「石炭、石油ガス（高圧ガスを含む）その他の燃料類及びこれらの製品に関する事業」において色強く現れている。

17)　柴垣和夫『三井・三菱の百年』中央公論社、1968 年、9 頁。

財閥としての事業の歴史は三井財閥、三菱財閥に引けを取らないが、設立は戦後の 1952 年である。住友財閥は元来商事部門には手を出さないという不文律があったが、1945 年に日本建設産業株式会社として商事部門へ進出を図り、1952 年に住友商事株式会社と改称したことに始ま[18]る。

三井物産、三菱商事、住友商事の 3 社が財閥系総合商社である。特に明治時代は三井財閥、三菱財閥のそれぞれの商社が国の意向を受けて成長を果たし、三井物産が 1882 年には紡績機等の生産手段をイギリスから輸入したことや、1892 年には当時の日本で大規模な紡績会社であった鐘紡、三池紡、三重紡に独占的に原料を供給していたという記録が残っている[19]。

他の 4 社の総合商社は専門商社から合併や事業拡大により総合商社化したものである。この 4 社が総合商社化していくのは戦後まで待たなければならない。第二次世界大戦後、経済民主化の一環として戦前に経済的地位を築き上げた財閥は 1947 年 7 月に GHQ による財閥解体命令によって、三井物産は約 200 社、三菱商事 139 社には完全に解体された。他の財閥解体がたんに持株会社の整理とそれに伴う財閥企業の分割にとどまったのに対し三井物産、三菱商事の 2 社には解散するだけでなく、さらに厳しい条件が付けられた。例えば「旧社員は 100 人以上、支店長級以上は 2 人以上が同じ会社に就職してはいけない」や「旧社員が 1 人でも在勤する会社は両社の用いていた建物を使用してはならぬ[20]」などである。このように、以後の復活を防止する禁止事項を明記された上で解散させられることになった。

戦後復興期は生産面での復興が優先され、商業の復興は遅れざるを得ず、貿易も同様であった。しかも貿易は GHQ や政府の管理下にあり、商社そのものの役割、活動も大きくなかった。しかし、1950 年の朝鮮戦争の勃発が商社発展の機会を提供し、1953 年以降の商社強化策へとつながり、商社自らが再編成へと動き出す。一つが財閥系総合商社による物産、商事復活の方向である。

---

18) 住友商事 HP。
19) 藤澤史郎、前掲書、69 頁。
20) 商社機能研究会、前掲書、9 頁。

もう一つが関西五綿に代表される専門商社からの総合商社化である。

　1952 年に光和実業が三菱商事と改称し、不二商事、東西交易、東京貿易の 4 社にまで統合され、1954 年 7 月に三菱商事が他の 3 社を吸収合併する形で復活した。新たに発足した三菱商事は発足した年から日本最大の総合商社の地位を占めることになった。財閥系商社の復活とは別に関西五綿である伊藤忠商事、東綿（現：豊田通商）、日綿（現：双日）、丸紅、江商を中心とする商社の再編は重要な意味を持つ。なぜなら、財閥系総合商社が復活したのは基本的には「元の形」に戻っただけであるのに対し、後者は専門商社から総合商社の総合商社化の過程だからである[21]。

　商社は取扱う商品を精査する。専門商社で一つの生産部門の商品のみを取り扱う場合、該当商品市場が不況になれば、業績悪化に直結する。また、特定の生産者が他社に商品取り扱いを委託する場合や、自らが販売網を整備することも考えられ、商社が排除される可能性が高くなる。それに対して、多種多様な商品を取り扱う社会的売買の集中をすれば排除される可能性は低くなる。また、多種多様な商品を取り扱う方が本来の商業者として望ましい。つまり戦後の商社は外的環境の混乱なども受けながら、商業者として本来の形である総合商社を目指したのである。では伊藤忠商事の事例を見ていきたい。

　伊藤忠商事は 1858 年に繊維商社として始まった。戦時中に丸紅や生産者などと合併して大建産業となっていたが、大建産業が 1948 年に過度経済力集中排除法の指定企業となり 1950 年に解散後、丸紅と共に再出発した。三井物産、三菱商事が解体後であったこと、朝鮮戦争特需の要因も相まって 1951 年には貿易集中度 1 位となっている。しかし商品別でみると繊維部門が圧倒的に多く、1950 年 3 月期には 90.3% を占めていた。しかし、その後は他の部門の売上比率を高め、1955 年に太平物産を合併し、合繊部門の強化を図り、鉄鋼部門強化のために森岡興行を合併し、総合商社への道を進んでいった。

　戦後の復興期において、政策的移行に合わせて商社は鉄鋼、機械部門へ進出

21）岡田千尋『現代商業研究序説』ナカニシヤ出版、1989 年、115 - 116 頁。

した。1955年以降にこの傾向がより顕著になり関西五綿の鉄鋼部門への進出はトーメンの南海興業吸収、ニチメンの高田商会合併、丸紅の東通、第一鋼材合併などで果たされた。[22)]

　総合商社の生成の過程は、三井物産や三菱商事に見られる財閥系商社の復活、関西五綿を代表とする専門商社の総合商社化、財閥であった住友商事の総合商社への参入という3つのタイプに分類することができる。

第4節　総合商社の活動の変遷

　戦前までの総合商社は政府から与えられた仕事を遂行することが中心であり、総合商社の本来の仕事を遂行するのは戦後になってからである。従ってここからは戦後における総合商社の活動の変遷を追ってみることにする。

1．戦後から1960年代の総合商社の活動

　戦後に総合商社として本来の活動を始めたこの時期は商社の基盤強化および商取引機能および市場開拓機能を基にした成長の時代である。1952年に第四次吉田内閣による「商社の強化」により輸出契約取消準備制度、輸出所得控除制度、海外支店用資産の特別償却制度などが打ち出された。[23)]この政策から分かるように総合商社は日本企業の海外市場開拓に積極的に関与し、自らの成長へと繋げていった。商社が取扱商品を多様化させ総合商社化したことで商取引機能が強化され、その後の商社の基盤が作られたことになる。

　1950年代から1960年代にかけての高度成長期や神武景気、岩戸景気の時代背景を受け電力、自動車、石油化学等の基幹産業における設備の近代化・大型化が急速に進み、製造業の関心はいかに最新鋭の技術を導入するかであったが、輸入に頼らざるを得なかった。そこで総合商社は技術導入のための仲介・斡旋業として活躍し、海外有力メーカーの対日販売総代理権を取得するために情報

---

22)　同上、117頁。
23)　商社機能研究会編、前掲書、13–14頁。

収集力が求められ、海外支店の強化へと乗り出した[24]。この時期の総合商社は確立された商取引機能に加え、市場開拓機能と情報機能を新たに加えて競争力を増大させていった。

2．1970 年代から 1980 年代にかけての総合商社の活動

　日本経済では高度成長が続いており、エネルギーの国内需要が高まり、商社の海外資源関連投資が積極化していった。商社もこの時期になると海外から資源を買い付けるだけでなく、自らが資源開発の事業に参加して資源の確保に努める開発輸入事業が中心であった。またこの時期は、世界的に評価されてきた日本の技術力と商社の情報ネットワークを活用して、大型プラント建設のために外国政府や外国企業との交渉、プラントの輸出運転などの役割も担った。

　この投資分野への注力が 1980 年代後半にかけての情報通信分野への事業投資に繋がることになる。加えて総合商社は、高い信用力を武器に転換社債などの発行で資金調達を進め、株式・為替ディーリングなどで利益を得ていった。この時期は従来からの中心であった商取引機能から、資金運用と投資を新たな収益源とする基礎を築いた[25]。

3．1990 年代から 2000 年代にかけての総合商社の活動

　1990 年代に入ると国内外に対する積極的な事業投資が活発化した。ロシア・東欧諸国の世界市場への参入、中国など東・東南アジア諸国の経済成長を受け海外市場の拡大のために事業投資を軸とした海外事業のグローバルな展開が見られるようになった。伊藤忠商事が東芝と組んで米タイム・ワーナー社と資本・提携関係を結んだり、三菱商事が三菱グループとダイムラー・ベンツ・グループとの包括的提携を主導したりし、様々な事業買収が行われた。

　国内では大手総合スーパーが経営危機に直面し、子会社のコンビニエンスストアの株式を手放した際に、総合スーパーがそれを取得する形で、コンビニ業

24）同上、16－20 頁

25）浅野展正、前掲論文、10 頁。

界に進出し三井物産がセブン＆アイに、三菱商事がイオンに出資したように、総合商社の小売業への事業投資が進んだ。1990 年代初頭のバブル崩壊によって総合商社の活動は従来のように取引機能を強化して売上高の拡大を目指すものから、純利益や収益性を重視するようになり、資源開発、製造・加工、中間流通への事業投資へとシフトチェンジした。[26]

　総合商社が製造業に対しても小売業に対しても事業投資を行うようになったことは、商品流通にかかわる生産から小売に対して積極的なかかわりを意味し、それはオーガナイズ機能が強化されたことにもなる。加えてリスクマネジメント機能の充実によりリスクを回避し大型プロジェクトの成功に繋げている。

おわりに

　総合商社は日本独自の業態であり、海外からも「何をしている会社かわからない」と指摘を受けることもしばしある。それだけ総合的な組織の強さを表すことに繋がっている。そのことは、ここまでみてきた総合商社の役割や活動の変遷からも明らかだろう。

　商取引機能を基礎として、生成、発展してきたが、時代の流れの中で培ってきた情報力を武器にして利益を生む方法を変化させているのである。そのように考えると、総合商社は組織として最も重要な「永続すること」は何かを考え、時代に合わせて利益の追求方法を変化できる柔軟性のある大企業と捉えることができる。

26）同上、11 - 12 頁。

第5章　総合スーパー

はじめに

　本章では代表的な大手小売企業として総合スーパーを取り上げる。「イオン○○店」「イトーヨーカドー○○店」といった小売店舗に買い物に行ったことがあると思うが、それらが総合スーパーである。

　総合スーパーは日本独自の小売業態であり、衣食住に関する商品をワンストップショッピングできる小売業態である。そして総合スーパーは戦後の日本の小売業界を牽引し、1970年度から1999年度までの小売業売上高ランキング上位10社のなかに5〜6社ランクインしていた。

　本章では総合スーパーとは（何か）、大手総合スーパーの歴史、大手総合スーパーの成長戦略、流通機構における主導権の移転、総合スーパーの急成長とその要因、総合スーパーの同質化と現況について述べる。

第1節　総合スーパーとは

　日本における商業に関する統計調査として伝統的に利用されてきたものに「商業統計調査」がある。同調査は1952年に開始され、1976年までは2年に1回、その後2007年までは3年に1回実施された。

　同調査で百貨店と総合スーパーは、「衣、食、他（＝住）にわたる各種商品を小売し、そのいずれも小売販売額の10％以上70％未満の範囲内にある事業所で、従業者が50人以上の事業所をいう」と定義している。そして百貨店と総合スーパーを分類する基準としてセルフサービス方式の有無を基準とし、売場面積の50％以上についてセルフサービス方式を採用しているのが総合スー

パーで、採用していないのが百貨店である。しかし現在「商業統計調査」は
廃止され、新たに創設された「経済構造実態調査」に統合・再編された。

　総合スーパーを展開していた小売企業として、ダイエー、イトーヨーカ堂、
イオン（旧ジャスコ）、西友、マイカル（旧ニチイ、現イオン）が総合スーパー大
手5社と呼ばれ、他にユニー、長崎屋などがあった。

　現在、イオンリテールが展開する「イオン」、イトーヨーカ堂が展開する「イ
トーヨーカドー」と「アリオ」、などがある。ダイエーとマイカルはイオンに、
西友はウォルマートに、ユニーと長崎屋はパン・パシフィック・インターナショ
ナルホールディングス（中核企業はドン・キホーテ）の傘下となっている。すな
わち総合スーパーを展開していた大手小売企業は、現在とても厳しい状況にあ
る。

　総合スーパーを GMS（General Merchandise Store）と言うことがある。しかしな
がらアメリカの GMS は非食料品の総合量販店を言うが、我が国のそれは生鮮
食品を含めた食料品を取り扱う点が異なる。また総合スーパーは、百貨店と同
様に衣食住に関する商品分野を幅広く取り扱い、百貨店より安い価格で販売す
ることから、誕生当初は SSDDS（Self Service Discount Department Store）と言うこ
ともあった。すなわち我が国の GMS は品揃えという点において誕生当初から
明らかにアメリカのそれと異なる小売業態であった。

　我が国には古くから全国各地に商店街が存在していたが、一般的に商店街は
業種と呼ばれる特定商品分野のみを取り扱う小売商の集まりであることから、
例えば夏にバーベキュー、冬に鍋物の食材を揃えようとすると商店街のなかの
1つの店舗のみでそれらの食材を買い揃えることができない。それに対し、食
品スーパーは、それらを1つの店舗でワンストップショッピングを可能とした。
さらに総合スーパーであれば、衣料品や住関連商品も品揃えすることにより、
日常生活に必要なほとんどの商品のワンストップショッピングを可能にした。
こうした利便性を提供したことが、総合スーパーの成長と発展につながった。

1）　経済産業統計協会編『平成 26 年 商業統計表 業態別統計編（小売業）』経済産業統計協会、2016 年。

　ワンストップショッピングということであれは、百貨店の方が売場面積も広く、品揃えも豊富であるが、百貨店の商品は価格帯が高いことから日常生活の買い物の場でなく、いわゆる「ハレ」の場であった。したがって日常の買い物は品揃えが豊富でありながらも価格帯が安い総合スーパーで買い物することになる。また百貨店は大きな都市にしか出店していないが、総合スーパーは地方都市への出店を行うことにより、日常的な買い物の場を提供したことにより成長・発展した。

第2節　大手総合スーパーの歴史

　ダイエーは中内功が1951年に医薬品の現金問屋のサカエ薬品の経営に参加し、1957年に大栄薬品工業を設立し、同年主婦の店ダイエー本店大阪の第1号店を京阪電鉄千林駅前に開店したのが始まりである。同店舗は「主婦の店」ということからわかるように小売店舗であり、第1号店開店時の取扱商品分野は化粧品・医薬品・雑貨であった。1958年に神戸市三宮に第2号店を開店し、売場の大幅な拡張により、当時日本最大のスーパーマーケットとなった。そして1963年に日本型総合スーパーの原型となるSSDDSを神戸市三宮に開店した。同年に九州に進出し、翌1964年に東京・四国・岡山に進出した[2]。

　イトーヨーカ堂は1920年に伊藤雅俊の叔父である吉川敏雄が東京都台東区浅草に洋品店の羊華堂を開業し、1940年に雅俊の兄である譲がのれん分けにより、羊華堂を開業し、1945年に雅俊が羊華堂の経営に参加した。1948年に譲を代表者として合資会社羊華堂を設立した。譲が死去し、1958年に雅俊が株式会社ヨーカ堂を設立した。開設当時の取扱商品分野は衣料品のみであった。1961年に取扱商品分野を加工食品・家庭用品・化粧品・医薬品に拡大した。同年に2店舗目となる赤羽店を開店した[3]。

2)　中内潤・御厨貴編著『生涯を流通革命に献げた男 中内功 中内功シリーズ第Ⅱ巻』千倉書房、2009年、485－487頁。
3)　イトーヨーカ堂編纂『変化対応－あくなき創造への挑戦 1920-2006－』イトーヨーカ堂、2007年、660－661頁。

　イオンは、ジャスコの前身のひとつの企業である岡田屋が三重県四日市市で1758年に元祖・岡田惣左衛門が篠原屋という屋号で開店したのが始まりである。取扱商品は太物・小間物であった。1921年に洋品部を設置し、洋品の販売を開始した。1926年には株式会社組織に改め岡田屋呉服店を設立した。1945年に太平洋戦争の空襲により店舗と商品を焼失し、翌1946年に店舗を復興し、日用雑貨を中心とした商品を販売した。1947年に衣料品切符登録を受け、衣料品の販売を再開した。1958年に近鉄四日市駅前に駅前オカダヤを開店し、初めてセルフサービス販売方式を始めた。1962年に桑名オカダヤを開店し、野菜や果物などの生鮮食品の販売を始めた。魚と肉は店名を明示しないかたちでテナントに入ってもらい取扱いを開始した[4]。

　西武百貨店は分店というかたちでスーパーマーケットの経営に着手しており、西武ストアーという別企業が管理していた。西武ストアーは1956年に設立された。しかしながら西武ストアーは分店方式ということから、共同仕入れがほとんど行われず、またセルフサービス販売方式もほとんど採用されていなかった。さらに8店舗すべてが赤字であった。そこで1963年に西友ストアーを発足させた[5]。それが後の西友になる。

　マイカルの前身のひとつの企業であるセルフハトヤは1955年に衣料品のセルフサービス販売方式を開始した[6]。1963年にセルフハトヤ、岡本商店、ヤマト小林、エルビスの4社が合併してニチイが設立された[7]。1996年にマイカルに商号変更した。

　ダイエー、イトーヨーカ堂、イオン、西友、マイカル、の5社の中で当初から食料品を取り扱っていたのは西友のみであった。他の4社は顧客からの要望や来店頻度をあげるために食料品の取り扱いを始めた。すなわち当初から総合スーパーであったわけでなく、「商業統計調査」における業態分類では「専門

4）ジャスコ編集『ジャスコ三十年史』ジャスコ、2000年、940－953頁。
5）由井常彦編『セゾンの歴史 上巻』リブロポート、1991年、134－141、381頁。
6）建野堅誠『日本スーパー発達史年表』創成社、1997年、7頁。
7）建野堅誠「スーパーの日本的展開とマーケティング」マーケティング史研究会編著『日本流通産業史－日本的マーケティングの展開－』同文舘出版、2001年、62頁。

スーパー」に分類されるものであった。

　総合スーパーの品揃えと重なる部分として、食品スーパーの展開を取り上げ
ておく。1953年に増井徳男が東京都港区青山に紀ノ国屋（売場面積110㎡）を開
店した。同店はセルフサービス方式を導入したが、高級食品を取り扱い配達も
行い、さらに現金販売比率が約6割しかなかった。1956年に吉田日出夫が福
岡県小倉市（現、北九州市）に丸和フードセンター（同396㎡）を開店した。同
店はセルフサービス方式と低価格販売を採用した。吉田は1957年に公開経営
指導協会の喜多村実とともに「主婦の店チェーン」を発足させ、食品スーパー
の普及を図った。[8] 丸和フードセンターは2007年にユアーズ（広島県）の傘下に
入り、そのユアーズは2015年にイズミ（広島県）の子会社となった。

　1958年には日本セルフ・サービス協会が設立された。スーパーマーケット
を「単独経営のもとにセルフサービス方式を採用している総合食料品小売店で
あり、年間売上1億円以上の店」と定義された。[9] 同定義が影響しているのか
もしれないが、一般の人々がスーパーと言う場合、それは食品スーパーを指し
ていることがほとんどである。

第3節　大手総合スーパーの成長戦略

　大手総合スーパーの成長のベクトルは、売上げの拡大を志向するため、品揃
えを増やすことである。[10] そのためには売場面積を増やす必要がある。しかし
ながら既に出店している立地での売場面積の拡大には限界があり、近隣の競合
小売店舗との競争を有利にするためにも、新規出店する店舗ではより大きな
売場面積を確保することになる。このことは大手小売企業が総合スーパーを
目指す理由となる。しかしながらこの成長ベクトルは、ある一定の範囲を超
えると流通技術の革新を伴わないかぎり、成長を妨げる要因となる。第1に

---

8) 河田賢一「流通機構」中田信哉・橋本雅隆編著『基本流通論』実況出版、2006年、60頁。建野堅誠、前掲書、1997年、4-9頁。
9) 建野堅誠、前掲論文、2001年、53-54頁。
10) 田村正紀『業態の盛衰-現代流通の激流-』千倉書房、2008年、64-65頁。

SCM（Supply Chain Management）課業が質的側面と量的側面の両面において変化し、販売管理費率が増加してしまうからである。SCM 課業とは SCM が処理しなければならない業務のことをいい、多様なソースから商品を調達したうえで小売店舗の品揃えに反映させる作業のことをいう。[11] 第2に売場面積の拡大と店舗数の増加は固定資本を増加させることなる。固定資本は流動資本より回転率が低いため、固定資本の増加は事業資産回転率の低下につながるからである。したがって総合スーパーが高い成長を続けるためには、SCM 課業を革新することにより販売管理費率の増加と事業資産回転率の低下を抑制することが必要である。すなわち総合スーパーが持続的な革新を継続できるかにかかっている。持続的な革新を達成できないときに、収益性を伴わない売上拡大に走りやすくなり、衰退へと向かわせる。これは総合スーパーだけでなく、取扱商品分野を絞り込んだ専門店チェーンが成長する際にも起こりうる。

　総合スーパーは、より多くの顧客を集客しようとして大規模な売場面積をもつ店舗と、自社だけでは品揃えすることができない商品分野を補完してもらうために専門店チェーンをテナントとして自社ショッピングセンター（Shopping Center：SC）内に出店してもらう。専門店チェーンは、SC 内で他の専門店チェーンや総合スーパーと競い合ううちに SCM 課業を革新し、総合スーパーから、その売場を奪い取ることがある。これをカテゴリーキラーと呼ぶことがある。すなわちカテゴリーキラーは総合スーパー企業が育成したともいえる。しかしながら、SC 全体の集客と収益を高めるためには、総合スーパーは競合する専門店チェーンをテナントに入れなければならない。

第4節　流通機構における主導権の移転

　戦後の物不足を解消するために第二次産業が育成され成長・発展した。大量生産体制を構築した消費財メーカーは、自社製品を消費者まで滞りなく流すた

11）　同上、64-65 頁。

めの流通機構（チャネル）の整備を始める。それとともに自社商品を消費者に
アピールためのマーケティングが展開されることになる。マーケティングは、
川上に位置するメーカーが消費需要を予測することから始まる。[12] 需要予測の
不確実性を埋めるためにメーカーがマーケティング活動を行う。しかしながら
1980 年代に入り POS システムが導入されると、詳細な消費情報（需要動向）を
迅速かつ正確に把握することができるようになった大手小売企業が、チャネル
において有利な立場にたつことになる。この消費情報はメーカーの新商品開発
やプロモーションにも欠かすことができない情報である。これによりチャネル
パワーが大手メーカーから大手小売企業へと移転することとなった。

　流通機構において、メーカー主導型流通システムへの Countervailing Power
（対抗力）となるのは大手小売企業主導型流通システムである。小売企業が消
費者の購買代理機能を果たしていることからも、売り手である寡占的メーカー
の対抗力となりうるのは、買い手として商品を仕入れる大手小売企業となる。[13]

　大手小売企業におけるバイイング・パワーは、チェーンオペレーションを実
施することにより多数の店舗の販売数量を武器に商品を仕入れる際の交渉力と
なる。バイイング・パワーは卸売企業に対してだけでなく、メーカーに対して
も発揮される。多数の店舗による巨大な販売力が、卸売企業やメーカーから他
社よりも低価格で仕入れることができ、それを消費者への販売価格にも反映さ
せ、より多くの集客につなげることができる。より多く集客でき、それにより
販売数量がさらに増加すれば、仕入数量もより増加し、さらなる低価格での仕
入れが可能となる。この好循環を実現することが大手小売企業の競争力の源泉
である。[14] ダイエーはバイイング・パワーを発揮するために、消費財メーカー
であるパナソニック（旧松下電器産業）や花王と対立していた。[15]

12）　崔相鐵・石井淳蔵「製版統合時代におけるチャネル研究の現状と課題」崔相鐵・石井淳蔵編著『シ
　　　リーズ流通体系〈2〉流通チャネルの再編』中央経済社、2009 年、287 - 288 頁。

13）　J.K. Galbraith, *American Capitalism: The Concepts of Countervailing Power*, Kessinger Publishing, 1952.
　　　（新川健三郎訳『アメリカの資本主義』白水社、2016 年）、142 - 146 頁。

14）　北島啓嗣「新しい食品流通企業の組織能力」高橋宏幸・加治敏雄・丹沢安治編著『現代経営戦略
　　　の軌跡−グローバル化の進展と戦略的対応−』中央大学出版部、2016 年、288 頁。

15）　中内潤・御厨貴編著、前掲書、301 - 306 頁。

　根本重之は総合スーパーを含む日本のチェーン小売業について次のように述べている。[16]　総合スーパーは超大手を含めて欧米のように統合機能小売業化することなく、メーカーと自社との取引に卸売業を介在させ、卸売企業に自社専用の物流センターの運営や、同センターから各店舗への配送を担わせたり、配送に伴うコストを負担させ続けてきたとしている。そのため日本の総合スーパーは商品調達過程においてコスト合理性を追求する必要がなく、卸売企業同士を競争させて、自社へのサービスレベルの向上を目指すことになる。そして総合スーパーと取引している卸売企業は取引継続を確保するため、価格面だけでなく非価格面においてもさまざまな譲歩を行うことになる。それは取引する総合スーパーとの取引額が自社のなかで大きなシェアを占めていたり、その総合スーパー専用の物流センターの委託を受けていた場合に、その取引が打ち切られるのを恐れるからである。卸売企業にとって、取引依存度が高ければ高いほど、総合スーパーからの要求を断ることができない。そのため、「帳合合わせ」というかたちで（帳合変更をちらつかせ）、卸売企業に不利な要求を突きつけることが行われている。大きな販売力をもつ総合スーパーとの取引は大切であり、多くのメーカーは総合スーパーごとに専門の営業担当者をつけている。メーカーの営業担当者は総合スーパーのバイヤーと価格や販売促進に関する商談を行う。卸売企業は両者の商談で決まった事項を遂行するだけの役割になりさがっている。すなわち日本の総合スーパーは、卸売企業を排除することなく活用し続け、メーカーと卸売企業の双方から有利な取引条件を引き出すことが企業戦略としてベストな行動となっている。ここにも流通機構における主導権の移転が現れている。

16)　根本重之「日本型流通システムの特性と軌道修正」崔相鐵・石井淳蔵編著『シリーズ流通体系〈2〉流通チャネルの再編』中央経済社、2009 年、64 - 68 頁。

第5節　総合スーパーの急成長とその要因

　1967年度時点おいて小売業売上高上位10社のなかに、総合スーパーは5位の主婦の店ダイエーと10位の西友ストアーの2社のみであった。他の8社は長い歴史をもつ百貨店である。しかしながら1972年度にダイエーが日本の小売業売上高1位となる。同年度にスーパーマーケット業界全体の売上高が百貨店のそれを上回った。1983年度には上位5社すべてが総合スーパー企業となった。

　佐藤肇が「しかし真の流通革命は、すでにわれわれが明らかにしたように、小売店舗を大型化するより、むしろ小売企業を大型化する、すなわちチェーン化によって大規模小売企業を実現することによってのみ可能となるのである」[17]と述べたように、総合スーパーは多数の店舗を展開するというチェーン化によって長い歴史をもつ百貨店の売上高を上回り、PB商品の開発などの革新を行うとともに、メーカーへのCountervailing Powerをもつにいたった。

　建野堅誠は、総合スーパーが急成長できた一般的背景が6つと、総合スーパー特有の要因7つがあると述べている[18]。

　一般的背景の第1は大規模消費財メーカーによる大量生産体制の確立、第2に大衆消費市場の誕生、第3に消費者の価値観の変化、第4に消費者物価の上昇、第5に人口増加による都市化と郊外化、第6に国際化の進展である。

　総合スーパー特有の要因としては、第1に政府の流通政策である。総合スーパーが新規出店する際には、百貨店と同様に（第二次）百貨店法の適用により出店規制がかけられるはずであった。そこで総合スーパーは例えば多層階の各階ごとに別会社が運営するという形式をとることにより同法の適用除外となるような出店を行った。これに対し政府は、総合スーパーが日本の小売業界を効率化させると考え、総合スーパーの脱法行為を見過ごした。第2に革新的な企

17）　佐藤肇『日本の流通機構』有斐閣、1974年、252頁。
18）　建野堅誠、前掲論文、2001年、59-63頁。

業家が存在したことにある。ダイエーの中内㓛、イトーヨーカ堂の伊藤雅俊、イオンの岡田卓也、西友の堤清二、マイカルの西端行雄、といった革新的な企業家が、優れた洞察力と行動力で成長と発展の機会を捉えたからである。第3に総合スーパー化である。百貨店と圧倒的多数の中小小売商しか存在しなかった小売業界で日本独自の総合スーパーを創り上げていった点にある。第4に新しい経営管理技術の導入と展開がある。低マージンと高い商品回転率による低価格・大量販売を実現するために、セルフサービス販売方式の採用とチラシを使った広告宣伝である。第5に立地戦略の転換がある。人口の郊外移動とモータリゼーションにより、郊外出店という新たな立地創造に成功した。第6に特異な資金調達がある。小売業は昔から「日銭商売」といわれ、営業して商品が売れさえすれば、毎日現金が入ってくる。小売業の仕入れた商品がその日のうちにすべて売り切れるわけでなく、翌日以降に販売する商品も仕入れている。そうしたことから仕入れた商品代金の支払いは何日も後に支払う。仕入れた商品が売れればすぐに現金が入ってくるが、仕入れた商品の支払いまでに猶予がある。これを回転差資金（支払勘定回転率−商品回転率の差）という。売上が大きくなればなるほどこの回転差資金は大きくなるし、店舗数が増えれば増えるほどやはり大きくなる。この回転差資金を利用して既存店舗の増床や新規出店資金を確保することができ、それが更なる成長につながる。さらに総合スーパーが郊外に出店する場合、出店にはそれなりの広さの土地が必要になることから、出店場所の地価がそれほど高くない場所に出店することになる。総合スーパーが出店することで住宅開発が進むとその地価が上昇する。安い価格で入手できた土地の地価が上がると、土地の担保価値が増加する。その担保価値を次の新規出店の際の銀行からの融資担保とすることができる。総合スーパー企業が成長を続け、地価が上昇し続けるかぎり、この好循環サイクルをまわしていくことができる。第7に提携と合併による成長である。マイカルの前身であるニチイは、セルフハトヤと岡本商店とヤマト小林そしてエルビスの4社が合併して誕生した。ダイエーは一徳を買収、サンコー（現マルエツ）、サカエ、丸栄商事

と提携した。[19] イオンの前身であるジャスコは、岡田屋、フタギ、シロの 3 社で本部機構ジャスコを設立し、岡田屋がフタギ、オカダヤチェーン、カワムラ、ジャスコを合併してジャスコが誕生した。[20]

第 6 節　総合スーパーの同質化と現況

　田村正紀は、隣り合っているイオン相模原店とイトーヨーカドー古淵店の店舗属性が類似していると述べている。[21] この類似性が総合スーパーの同質化につながり、店舗競争力を喪失させている。この類似性は、顧客指向と模倣によるタダ乗り指向に密接に関連している。店舗属性が類似しているため顧客はどちらの店舗に買い物に行こうがあまり大きな違いを感じることがない。すなわち差別化による集客ができていないことを示している。また田村はこの隣り合った 2 店舗の関係は相対的な対立関係でなく、共通の顧客からの愛顧を獲得するための対立関係であるとしている。共通の顧客を対象とすることから店舗属性が類似せざるを得なくなる。すなわち差別化・個性化できないことから、隣り合う 2 大総合スーパー企業の店舗間競争に大きな優劣はつかない。すなわち百貨店同様に総合スーパー業界の売上が減少している（衰退している）のは、同質化も 1 つの要因であるといえる。

　小売業の売場面積はその立地に大きな影響を与える。例えば東京の銀座や日本橋そして新宿に立地し巨大な売場面積をもつ百貨店は、人口密度の高い地域、または多くの企業が集積する地域にしか立地することができない。他方で中小規模の売場面積をもつ小売業は、多くの地域に立地することができる。[22] すなわち、地方にある多くの商店街の中小小売商が存在できていたのはこれが理由である。しかしながら、総合スーパーが郊外に大規模 SC を出店することにより、街なかの商店街の売上を奪い、閉店に追い込む。それだけでなく他の大規

---

19)　日本経済新聞、2014 年 4 月 6 日朝刊 11 面。
20)　ジャスコ編集、前掲書、956 – 957 頁。
21)　田村正紀、前掲書、143 – 151 頁。
22)　同上、24 頁。

模 SC との競争が激しくなると、両 SC が共存することはできない。バブル経済崩壊以降の我が国の小売業界 (総合スーパー業界を含む) はこの状況にある。

おわりに

　総合スーパーは日本独自の小売業態として誕生し、成長・発展した。高度経済成長期には、衣食住に関する商品をワンストップショッピングできるという利便性により、他小売業態より大きく成長・発展することができ、戦後の小売業界を牽引してきた。

　しかしながら総合スーパーという小売業態が確立され、より多くの消費者を集客するため SC 化を進めることにより他の総合スーパーとの同質化が進み、差別化できなくなってしまった。また当初は総合スーパーの品揃えを補完してもらう役割として出店してもらった専門店チェーンが力をつけることにより、強力なライバルとなった。それにより総合スーパーの衣料品や住関連商品の売上が奪われてしまった。

　ただ総合スーパーが核テナントとして出店している SC は休日に多くの消費者を集客している。そのため、これからの総合スーパーは専門店チーンのSCM 課業を学ぶとともに、専門店チェーンとの間の競争関係と補完関係に適度なバランスを保っていく必要がある。

第6章 百 貨 店

はじめに

　江戸期から続く呉服店経営に携わっていた経営者が、明治期以降に企業の組織や流通の革新を図るために欧米の百貨店スタイルを受容した結果、呉服店から百貨店への業態転換に成功した。経営者自らが先頭に立ち百貨店内の経営組織を確立させて、日本の百貨店は大正中期までに東京・大阪・名古屋等の大都市において成立した。これらの百貨店は、大都市における従来の商業地域のなかに近代的大型店舗として立地し、その一店舗内でワンストップショッピングを目的として登場した。昭和初期には、大都市のみならず地方都市にも多くの百貨店が出現した。そのため、これらの百貨店は各都市の商業地域に形成されつつあった商店街との対立を引き起こし、全国で反百貨店運動が生じた。これを受けて第1次百貨店法が1937年10月に施行され、そのうえ戦時中と重なって業態として成立をみせていた百貨店経営は大きく後退した。[1]

　第2次百貨店法が百貨店業の事業活動を調整するために1956年6月に施行されたが、高度成長期に入って大都市を中核に展開する6つの大手百貨店が、地方百貨店を巻き込んで百貨店の提携・グループ化や共同仕入機構を設立しながら、商品・販売・サービスや経営組織を強化して発展を遂げた。[2] この背景には、スーパーマーケットが登場したのち急速に台頭したことがあった。大手

1）『百貨店のあゆみ-日本百貨店協会創立50周年記念誌-』日本百貨店協会、1998年、7-45頁。末田智樹『日本百貨店業成立史-企業家の革新と経営組織の確立-』ミネルヴァ書房、2010年、10-22・299-305頁。
2）岡田康司『百貨店業界(産業界シリーズ No.642)』教育社、1993年、55-81・176-181頁。丸木格『百貨店の知識』日本実業出版社、1976年、59-81頁。前掲『百貨店のあゆみ』69-70・92-94・107-113頁。日経流通新聞編『流通現代史』日本経済新聞社、1993年、43-45頁。

百貨店は、前述の強化策とあわせて店舗の大型化や多店舗化・多角化といった大規模化政策にも打って出て、百貨店業の発展を促進させた。しかし、1970年代のオイルショックと 1974 年 3 月施行の大店法が相まって、百貨店業態全体の構造的な問題点が顕在化した。業態自体の危機が初めて認識されたものの、百貨店業は昭和後期から平成初期にかけたバブル景気によって売上高を最高額に伸ばした[3]。そののち 1991 年からのバブル崩壊後に売上高の減少が始まり、2000 年代に入っては大都市の大手百貨店同士の経営統合が進み、しかも 2008年のリーマンショックの影響を受けて百貨店業は一層厳しい状況を迎えた[4]。

　大都市や地方都市には、大正中期までに百貨店へ転換して創業 100 年を越えた老舗百貨店が存続する。現在、それら老舗百貨店を筆頭に全国の百貨店が生き残りをかけて、新たな店舗構造の改革と新組織・新規事業による市場創造にとり組んでいる[5]。百貨店業のみが、明治後期から経営の持続的な成長を目指してきた小売業態である。そこで以下、百貨店経営の構造や特質を明らかにするために、経営組織・管理や販売・仕入形態、店員・売場の特徴、立地展開などの視点からみていこう。

第 1 節　百貨店の経営組織

1．経営組織

　日本における百貨店経営は 1905 年頃から長い歴史を有し、1 つの大型店舗のなかで営業形態・経営形態・企業形態を進歩させてきた近代的小売業態である[6]。そのマネジメントは営業活動の機能を中軸に、これを補助する諸機能が専門的に分化し、さらに執行活動と管理活動との階層分化がもっとも発達して

3）小山周三『新版 現代の百貨店』日本経済新聞社、1997 年、62 - 71 頁。前掲『百貨店のあゆみ』103 -
　　106・113 - 117・155 - 157 頁。前掲『流通現代史』45 - 46 頁。
4）伊藤元重『百貨店の進化』日本経済新聞出版社、2019 年、30 - 46 頁。麻倉佑輔・大原茜『最新・
　　全国百貨店の店舗戦略-新たな競争と成長の構図-』同友館、2003 年、1 - 6 頁。
5）『ストアーズレポート』株式会社ストアーズ社、2019 年 11 月号、9 - 28 頁。『同レポート』同社、
　　2020 年 2 月号、9 - 32 頁。『同レポート』同社、2020 年 4 月号、9 - 32 頁。
6）青木均・尾碕眞・岡野純司『最新 流通論』創成社、2020 年、90 - 95 頁。

きた。百貨店は、デパートメントストア（部門別商店）とも呼ばれる。これは、同一経営のもとに同一店舗内の経営組織において、多種類の商品を部門別に仕入れて管理し販売する営業活動を中心としているからである。[7]

　商品の部門別組織を基盤として出発した百貨店経営は、その発展過程のなかで経営規模が大きくなるにつれ、運営・管理の機能を分業と協業の関係に分化させていった。百貨店経営の運営と管理の機能の分化として、大別して営業部を補助する販売促進部（営業企画・宣伝部）、人事部、総務部、財務部が組織された。営業部と4つの部門のほかには、企画室・調査室と呼ばれる経営計画の立案や戦略的プロジェクトの調査・計画などをおこなう部門がある。この部門から情報を得た百貨店のトップマネジメントは、各部の管理スタッフのもと全店員を管理しつつ、経営方針やそれに関わる中長期的な視点に立って計画を策定して、戦略的な経営活動の意思決定をおこなっている。[8]

2．営業部

　百貨店の部門は、各百貨店の経営規模の大小によって括り方が多少異なってくるが、6つの部門のなかで最も大きな部門が営業部である。営業部は、原則として商品（売場）別＝部門別に分かれている。大分類では、婦人服、紳士服、子供服、呉服、雑貨（化粧品、美術・宝飾・貴金属）、家庭用品（家具・家電）、実用品（身の回り品）、食料品などに分けられる。大型の百貨店ではもう少し細分化され、比較的小さな百貨店や地方百貨店はもっと大まかであり、通常は店舗のフロア別に上記の部門を配置している。[9]

　各々の部門では、商品の選択・品揃えや仕入、販売のすべての営業活動の責任を営業部がになう場合と、仕入と販売を分離した組織にして、商品部（仕入部）と販売部（営業部）に分ける形態がある。百貨店では店舗規模の拡大、すなわ

7）　高丘季昭・小山周三『現代の百貨店』日本経済新聞社、1994年、105－106頁。丸木格、前掲書、90－91頁。

8）　高丘季昭・小山周三、前掲書、106・110－117頁。小山周三、前掲書、167－168頁。岡田康司、前掲書、145－147頁。丸木格、前掲書、91　94頁。

9）　高丘季昭・小山周三、前掲書、108頁。小山周三、前掲書、168－169頁。丸木格、前掲書、95－96頁。

ち営業部門の拡大化が進むにつれ、商品部と販売部を分ける組織への移行がみられた。なお、商品部で仕入れを担当する責任者を「バイヤー」と呼び、部門別に分かれており、近年の百貨店では女性バイヤーの活躍が目立つようになってきた。[10]

今日のバイヤーに望まれる能力としては、売れ筋の商品を見分ける鑑定能力や商品の適量を決定する能力、価格を設定する能力、商品を効果的に処分する能力などである。しかし、それだけでなくバイヤーには、世の中のトレンドを敏感かつ事前に察知する能力や取引先と交渉する能力、顧客ニーズを吸い上げ顧客の視点に立った商品を仕入れる能力が必要であり、そして何よりも「顧客の利益代行行為」を実現させていく能力が求められている。[11]

第2節　百貨店の経営管理

1．営業活動の評価

営業部の活動を管理統制して評価する基本的な要素には、売上高、仕入高、商品在庫高、差益高がある。このなかで、百貨店経営の基礎となるのが差益高である。差益高（粗利益高）とは、ある商品が販売された時点で得られた利益のことで、売上高から売上原価（仕入価格）を差し引いたものである。営業利益とは、この差益高から販売費および一般管理費を差し引いたものである。[12]百貨店では、まず売上高に占める営業利益の割合を示す営業利益率を向上する仕組みづくりが肝要である。[13]

百貨店の営業活動については、売上高と差益高、営業利益だけで評価すると

10)　小山周三、前掲書、169 頁。丸木格、前掲書、98 - 99 頁。浅野恵子『しごと場見学！－百貨店・ショッピングセンターで働く人たち－』ぺりかん社、2015 年、23 - 27・66 - 71 頁。
11)　西谷文孝『百貨店の時代』2007 年、産経新聞出版、135 - 137 頁。大西洋『三越伊勢丹 ブランド力の神髄－創造と破壊はすべて「現場」から始まる－』PHP 研究所、2015 年、28 - 32・36 - 37 頁。日経流通新聞編『反攻する百貨店』日本経済新聞社、1996 年、115 - 118 頁。
12)　髙丘季昭・小山周三、前掲書、121 頁。小山周三、前掲書、180・183 頁。
13)　大西洋、前掲書、36 - 40 頁。新井田剛『百貨店のビジネスシステムの変革』碩学舎、2010 年、76・238 頁。高嶋克義・髙橋邦夫『小売経営論』有斐閣、2020 年、94 - 96 頁。丸木格、前掲書、113 - 114 頁。

すれば、極端なことをいえば商品を多く仕入れれば良いことになる。しかし、もし商品が売れ残ったならば、その商品に投下した資金を回収することができないことになり、百貨店の経営自体が存続できない状況に陥る。経営者の立場からは資金をもっとも有効に活用することが重要であり、その指標となるのが「商品回転率」である。[14]

　商品回転率とは 1 ヶ月なり半年、あるいは 1 年の期間をとって、期首と期末の商品の在庫高をプラスして 2 で割り、平均在庫高を求め、これで期間中の売上高を割った比率である。[15] すなわち、商品回転率が高ければ高いほど資金効率が上がる。商品の仕入れが多すぎては売れ残り、少なすぎては売り逃しを起こす可能性があり、適量の商品の仕入れを実現することが重要となってくる。また、適正な利益を実現するためには適正な差益率（＝粗利益率＝マージン率＝差益高÷売上高×100）も必要となる。つまり、差益率と商品回転率とを掛けて算出する交差比率が高いかどうかによって、商品が効率的に販売されているかどうかの営業活動の評価をおこない、そのための戦略を常に練ることが百貨店経営にとって必要となる。[16]

2．経営主体の特質

　日本の百貨店を運営する企業には、その出自から大別して、江戸・明治期の呉服店を起源とする「呉服系（百貨店）」と、明治期以降に登場した電鉄企業が運営する「電鉄系（百貨店）」の 2 つの形態がある。これらの出自の相違が、店舗立地や店舗展開、経営体質（企業風土）などの側面に現れる。[17]

　呉服系百貨店の代表格は、1904 年 12 月に「デパートメントストア宣言」をした三越や、それに続いて百貨店化していった松坂屋、大丸、髙島屋である。呉服系百貨店は 1920 年頃までに株式会社へ組織変更をしながら、六大都市（東

14）　高丘季昭・小山周三、前掲書、123 頁。丸木格、前掲書、96 – 97 頁。

15）　高丘季昭・小山周三、前掲書、123 頁。

16）　小山周三、前掲書、182 – 183 頁。宮副謙司『新「百貨店」バラ色産業論』ビジネス社、1994 年、54 – 63 頁。

17）　宮副謙司・内海里香『全国百貨店の店舗戦略 2011』同友館、2011 年、37 – 38 頁。

京・横浜・名古屋・京都・大阪・神戸）や地方都市に支店を設置し、各店舗を大規模化していった。その結果、それぞれの呉服系百貨店は高級路線から営業の大衆化を進めることで、幅広い顧客層の獲得に成功して、日本の百貨店業態の礎石を作った[18]。

電鉄系百貨店の代表格は、阪急電鉄の小林一三が 1929 年 4 月に開業した阪急百貨店である。これに続いて、昭和戦前期までに大阪の大鉄百貨店・大軌百貨店（現在の近鉄百貨店）や東京の東横百貨店（現在の東急百貨店）が開業した。電鉄会社直営の百貨店はターミナルデパートとも呼ばれ、1950 年代以降にも東京を中心に急増し、今日における駅とその周辺において大型商業施設のベースとなり、沿線客の集客に成功してターミナル方式の百貨店経営を全国に広めた。この方式と呉服系百貨店の営業形態が融合しつつ、今日の百貨店業態が形成されていった[19]。

なお、呉服系百貨店と電鉄系百貨店以外では、1920〜30 年代において地元の実業家が中核となって出資して設立された地方百貨店として、広島市の福屋、大分市のトキハ、長崎市の浜屋百貨店などがあり、今日も存続している。また、岡山市の天満屋や富山市の大和などは、呉服店でなく別の業種を出自とした老舗の地方百貨店として地域商業の活性化に貢献している[20]。

18）末田智樹、前掲『日本百貨店業成立史』、113 − 115・339 − 351 頁。

19）末田智樹「ターミナルデパートの素人経営を編み出した阪急百貨店」井田泰人編著『鉄道と商業』晃洋書房、2019 年、105 − 109 頁。前掲『流通現代史』40 − 41 頁。

20）宮副謙司・内海里香、前掲書、38 頁。『福屋五十年史』株式会社福屋、1980 年、22 − 26 頁。『ふるさと大分とともに−トキハ 65 年の歩み−』株式会社トキハ、2001 年、26 − 57 頁。末田智樹「戦前戦後、長崎市地元実業家による浜屋百貨店の創業と復興への挑戦」『社史で見る日本経済史 第 90 巻 濱屋百貨店二十年史 解説』ゆまに書房、2017 年、3 − 17 頁。『天満屋百五十年史』株式会社天満屋、1979 年、12 − 22 頁。『大和五十年のあゆみ』株式会社大和、1972 年、7 − 11 頁。

第 3 節　百貨店の販売形態

1．店頭販売と催事場

　百貨店の店頭における販売には、通常の売場での販売と催事場での販売がある。通常の売場では、定価で販売する形態と季節商品の処分などで販売する形態がある。催事場での販売は「店内催事」と呼ばれ、上層階に常設の催事会場をセッティングして、そこにおいて物産展やバーゲンセール等を展開する。それゆえ催事場での売上額の比重は大きく、他の大型商業施設にない機能で、百貨店の強みとしての巨大な集客装置であり文化の発信拠点でもある。ただし、催事場で開催されるものの、中元・歳暮期のギフトセンターは別の管理・販売形態として捉えられる場合がある[21]。そして、この上層階の催事場での展開は「シャワー効果」として、デパ地下の「噴水効果」とともに販売促進の重要な集客装置のひとつになっている[22]。

　このような店舗内での販売形態の基本は、売場に店員を配置して接客しながら「対面販売」する方式である。スーパーマーケットやコンビニエンスストア、ドラッグストア、ホームセンター、ファストファッションなどが採用しているセルフサービスの販売方式とは異なる。対面販売は、明治後期から現代に至るまでの百貨店業態において独自に培ってきたもので、必要な商品や生活の情報を顧客に伝えながら販売するといった利点があり、高額商品において必要な販売方式でもある[23]。

　百貨店の販売力は、製造業者や卸売業者からの派遣店員も含めて、売場に立つ店員各人の職務活動や能力に左右されている。その活動や能力とは、店員が顧客からの商品に対する要望と期待を対面して聞きつつ、かつ顧客と一緒に

21）宮副謙司・内海里香、前掲書、12 - 13 頁。『ストアーズレポート』株式会社ストアーズ社、2018 年 12 月号、9 - 34 頁。
22）西谷文孝、前掲書、43 - 48 頁。
23）小山周二、前掲書、156 頁。丸木格、前掲書、158 頁。末田智樹『老舗百貨店の接客法－松坂屋の史料が語る店員の"心得"－』風媒社、2019 年、402 - 407 頁。高嶋克義・高橋邦夫、前掲書、87 - 89 頁。

なって考える姿勢である。店員が顧客からの相談に迅速に応じて適切な商品を推奨した結果、これが販売につながって、その顧客がリピーターとして店内に訪れ、より親密な関係を作りながら、店員が顧客の価値実現を手助けすることである。今日の百貨店においても店員と顧客が長期的な関係を構築し、高度な接客販売ができる店員を養成することが重要である[24]。

現在では技能検定職種の一つとして「接客販売技能士」があり、これは小売業態で初めての国家検定資格となっている。この指定試験機関として、日本百貨店協会が 2017 年 10 月に厚生労働大臣から指定されている。このほかに百貨店業における共通の資格制度としては、日本百貨店協会内に事務局が置かれている百貨店食品安全アドバイザーや百貨店ランドセルアドバイザー、百貨店玩具アドバイザーなどがある[25]。

２．店外販売

店外販売の形態には、「外商」「店外催事」「通信販売」がある。外商とは、官公庁や会社、地域団体等の需要に応える「法人外商」と、都市部や地域のおもに富裕層を対象とした個人の顧客を対象とする「家庭外商（個人外商）」に大別できる。前者は、法人・企業・団体の中元・歳暮の贈答品や記念事業にかかわる記念品（ノベルティ）、なおかつ店頭では扱わない商品、例えば従業員のユニフォーム製作、役員室や会議室の応接セット、事務機器、医療機器、ホテル・船舶・オフィス等のインテリアなど、幅広く対応した商社的な販売活動をおこなっている[26]。

後者は、外商自らが各百貨店の有力顧客とされる富裕層の自宅等に出向いて販売するものである。この家庭外商は店頭商品（高級衣料・美術・宝飾品等）との

24）小山周三、前掲書、156 − 158 頁。高丘季昭・小山周三、前掲書、101 頁。
25）『ストアーズレポート』株式会社ストアーズ社、2018 年 1 月号、26 頁。https://www.hanbai-kentei.jp、2020 年 7 月 20 日閲覧。https://www.depart.or.jp、2020 年 7 月 20 日閲覧。西谷文孝、前掲書、37 − 43 頁。坪井晋也『百貨店の経営に関する研究』学文社、2009 年、135 頁。
26）小山周三、前掲書、158 − 159 頁。高丘季昭・小山周三、前掲書、87 頁。丸木格、前掲書、159 頁。宮副謙司・内海里香、前掲書、13 頁。西谷文孝、前掲書、29・31 頁。伊藤元重、前掲『百貨店の進化』168 − 169・179 − 184 頁。

マッチングはもちろん、生産者や産地の連携を実現して需要に応える小さな商社機能も有している。富裕層にはライオンズクラブ、医師会、中小企業など法人外商ではカバーしきれないさまざまなタイプの顧客がおり、「買物代行サービス業」の役割を果たしているともいえる。それゆえ外商の営業は、外商自体が顧客や売掛の管理などをおこない、店頭販売以上のマネジメント能力を必要とし、店頭販売では対応不可能な領域をカバーしつつ、「製販連携業」の役割を担っているともいえる[27]。

　例えば、大都市において 1,000 億円前後の売上を上げる大手百貨店であれば、そのうち法人外商が 5 ～ 10%、家庭外商が 15 ～ 20% を占める。家庭外商は 40 ～ 50 代の男性が中心であるが、なかには 20 代後半から 30 代後半までの男性や女性も多く含まれる百貨店も存在する。今後も、店舗での売買に限定されない営業方法である外商の売上は非常に重要といえ、高級衣料・美術・宝飾品等を主軸として、とり扱う商品やサービスを時代の変化に応じて調整することによって伸びていく可能性が十分ある[28]。

　店外催事は高級ホテルの宴会場などを特別の売場にこしらえて商品を販売する方法で、婦人服飾、宝飾・貴金属や一部の高級美術品が含まれ、これは一種の「出張販売」に該当する。この販売では、一般公開はしない形態をとり、有力顧客に対してダイレクトメールや、家庭外商が派遣店員と事前に顧客宅を訪ねて商品等を案内してアプローチし、催事会場への行き返りの送迎や食事付きで招待する方法が多い。大都市の大手百貨店では、1 ～ 2 日間の開催で数億～20 億円前後を稼ぐ場合もあり、各店舗の売上補填として期待され企画される[29]。

　以上のように、百貨店の外商による店外販売は競合する他の大型商業施設が装備していない貴重な顧客との接点の場であり、それら施設には真似ができな

27）　小山周三、前掲書、158 − 159 頁。丸木格、前掲書、159 頁。宮副謙司・内海里香、前掲書、13 頁。
28）　西谷文孝、前掲書、29 頁。伊藤元重、前掲『百貨店の進化』179 − 180 頁。伊藤元重・下井直毅監修『百貨店の過去・現在・未来【データ編】−日本百貨店協会・創立 70 周年記念誌−』日本百貨店協会、2018 年、64 − 67 頁。丸木格、前掲書、159 頁。
29）　宮副謙司・内海里香、前掲書、13 頁。高丘季昭・小山周三、前掲書、87 頁。西谷文孝、前掲書、30 − 31 頁。丸木格、前掲書、158 − 159 頁。また、筆者が百貨店に派遣店員として勤務した経験に基づいている。

い歴史的蓄積によるノウハウを有している。これからも外商は富裕層ならびに優良企業とのつながりを深め、ネットワークを広げる重要な顧客基盤として、また百貨店業態の価値と百貨店のグループ力を最大限に活用できる営業活動として、新たな需要創造にチャレンジできる機敏性の高い百貨店特有のビジネス組織でもある。[30]

　百貨店の通信販売は、明治期からの歴史を有するカタログ販売やテレビショッピング、クレジットカード会社の機関誌に加え、現在ではインターネットでの通販サイトや携帯電話（スマートフォン）における受注などオンラインビジネスに積極的に対応して力を入れている。近年は紙媒体からウェブサイトへのシフトが目立つものの、一方で店頭に頻繁に来店できない百貨店顧客の受け皿として、百貨店関連の紙媒体を効果的に利用する大都市の大手百貨店も存在する。[31]

3．販売方法

　現在の百貨店でも、すべての顧客に現金で販売することと、すべての顧客に同じ価格＝定価で販売することの2つの条件が販売の主流である。なぜならば、「現金販売」と「正札販売」の2条件が百貨店の信用を高めることに直結しているからである。しかし、消費者信用に関する制度の発達に伴い、百貨店においても「信用販売」＝「クレジット販売」の比率が次第に上昇してきた。クレジット販売には2タイプがあり、ひとつは原則1回払いの「掛け売り」、もうひとつは数回から数十回にわたっての分割払いを認める「割賦販売」である。[32]

　掛け売りは江戸期の呉服店の商慣習としてみられ、それらの呉服店が百貨店化した昭和戦前期においてもおこなわれてきた。戦後の経済混乱期において個

30）『ストアーズレポート』株式会社ストアーズ社、2017年10月号、9－30頁。『同レポート』同社、2018年7月号、14－17頁。西谷文孝、前掲書、33－34頁。
31）小山周三、前掲書、159－160頁。高丘季昭・小山周三、前掲書、88頁。宮副謙司・内海里香、前掲書、13－14頁。西谷文孝、前掲書、35－37頁。『ストアーズレポート』株式会社ストアーズ社、2019年9月号、21頁。
32）高丘季昭・小山周三、前掲書、88頁。丸木格、前掲書、160－161頁。西谷文孝、前掲書、138－140頁。前掲『反攻する百貨店』135－147頁。

人信用で販売することが難しくなり、一時掛け売りは減少した。その後高度成長期に入り、法人外商や家庭外商の拡大などから増加していった。現在では、顧客の固定化や情報の蓄積を図るために現金を必要としないクレジットカード顧客の増大とともに、掛け売りが一般化していった。割賦販売も高額商品を対象にして習慣化されていき、キャッシュレス社会の到来により現金を使用せずに、各百貨店によって自社化されたクレジットカードによる決済支払方法を利用する顧客が増加している。[33] また、キャッシュレス決済としては、スマートフォン決済サービスを訪日外国人（インバウンド）観光客への対応としても導入する百貨店が増加している。[34]

第4節　百貨店の仕入形態

1．仕入形態

　百貨店の営業活動には仕入活動があり、製造業者や卸売業者との間で特別な取引関係によって成り立っている。百貨店の仕入形態としては、第1に「買取仕入（普通仕入）」、第2に「委託仕入」、第3に「消化仕入（売上仕入）」がある。[35]

　第1の買取仕入は、百貨店が取引先から商品を買いとって仕入れる形態である。百貨店は、製造業者や卸売業者の取引先が責任になるような不良品を除いて返品をしないのが原則である。したがって、買取仕入の売場では百貨店に取引先から商品が納入された時点で所有権が移り、すべての商品ロスや在庫リスクを負うことになる。しかし他方で、百貨店が自主的なマーチャンダイジングをおこなえるということにもなる。そして百貨店は、自らの意思で店頭企画や陳列、価格政策、販売状況・在庫状況を視野に入れた値下げ処分的な販売が可

---

33) 髙丘季昭・小山周三、89 - 90 頁。前掲『百貨店のあゆみ』139 - 140・186 - 187 頁。丸木格、前掲書、169 - 173 頁。伊藤元重『百貨店の未来』日本経済新聞社、1998 年、30 - 46 頁。

34) 『ストアーズレポート』株式会社ストアーズ社、2018 年 6 月号、115・156・192 頁。『同レポート』同社、2019 年 6 月号、39 - 40・115・133・155・192・253 頁。『日経 MJ』2020 年 8 月 14 日、7 頁。

35) 髙丘季昭・小山周三、前掲書、76 頁。小山周二、前掲書、144 頁。前掲『百貨店のあゆみ』194 頁。江尻弘『百貨店返品制の研究』中央経済社、2003 年、27 - 37 頁。丸木格、前掲書、132 - 136 頁。

78

能となる。なお、買取仕入が変形した取引形態として、返品が可能な「返品条件付き買取仕入」がある[36]。

第2の委託仕入は、百貨店が商品を取引先に委託して売場に展開するという考え方に立ち、商品が売れた後で、百貨店が販売手数料として売上の何割かを受けとる形態である。これは、百貨店が商品ロスや在庫リスクを負わないという仕入形態である[37]。商品の所有権は、その納入時点で一度百貨店に移すために、百貨店は販売と管理責任をもつということになる[38]。しかし、商品が売れ残った場合には取引先に返品され、百貨店は売れ残りのリスクを負わないことになる。それゆえに、買取仕入よりもマージン率が小さいのが原則である。この仕入形態は、季節性やファッション性の高い衣料品あるいは店頭に並べて欲しい新商品や高額商品、美術品などにおいてみられる[39]。

第3の消化仕入は、おもに身の回り品、アクセサリー、ブランドなどインショップの形態で売場が形成され、商品が売れると同時に百貨店による仕入がおこなわれる。つまり、販売した時点で百貨店に所有権が移転する。この仕入形態では、店頭に並ぶ商品は製造業者や卸売業者などの取引先の所有権・管理となるものの、販売が成立するたびに、その売上は百貨店の売上として計上できるという帳簿上で処理する制度であり、見た目では似ているテナントとは違うところである。売れた分だけ仕入れがおこなわれたと判断することから消化仕入といわれている。そのため、マージン率は委託仕入よりも低くなる[40]。

3つの仕入形態以外に、上記のテナントによる取引形態がある。これは、店舗運営者（テナント）が家主である百貨店に賃借料を支払うもので、いわゆるデパ地下ではテナントが利益に比例した月額家賃を支払う「売上歩合方式」と

36) 宮副謙司・内海里香、前掲書、15頁。高丘季昭・小山周三、前掲書、76頁。前掲『百貨店のあゆみ』194頁。坪井晋也、前掲書、46頁。
37) 宮副謙司・内海里香、前掲書、15頁。
38) 坪井晋也、前掲書、46頁に「『委託仕入』は、百貨店からいえば『預り品』で所有権は問屋にあり（後略）」という見方もある。
39) 小山周三、前掲書、144頁。高丘季昭・小山周三、前掲書、76-77頁。新井田剛、前掲書、48頁。
40) 小山周三、前掲書、145頁。宮副謙司・内海里香、前掲書、15頁。高丘季昭・小山周三、前掲書、77頁。新井田剛、前掲書、48頁。北島啓嗣『オープン・インテグラルアーキテクチャ－百貨店・ショッピングセンターの企業戦略－』白桃書房、2009年、20・32頁。

もいうべき方法が一般的である。すなわち、食品売場の野菜、鮮魚、精肉、菓子、惣菜等の商品の大部分は、取引先が仕入れて販売も委ねられていることが多く、売上高の何パーセント分かを契約に基づいて百貨店が売場貸し料として得るという形になっている[41]。

　委託仕入と消化仕入を用いる百貨店には、商品の多様化に対応することが容易に可能になるとともに、その百貨店自体に仕入・販売力のない商品カテゴリーを導入し、または売場を変化させる仕組みとしてのメリットがあった。さらに、流行性の高い人気ブランドやショップを百貨店が導入した新装開店期の展開に適していたという特徴をもっていたのである。百貨店の立地や量的販売力を背景に、委託・消化の両仕入が増加した時代もあった。百貨店は商品ロスや在庫リスクを負わず、人件費が少なくて済むというメリットがあった。現在でも、百貨店では両仕入の形態やテナントが主流であり、これからも不動産事業の側面は重視されていこう。その結果、百貨店にも仕入面での能力企画力や、製造業者と卸売業者からの派遣店員が販売するために、百貨店の正規店員の企画力や営業力が低下するという課題が生じている[42]。

２．派遣店員

　とくに高度成長期以降の百貨店には、製造業者や卸売業者からの仕入方式によって、派遣店員が多数存在することになった。派遣店員とは、もともとは製造業者や卸売業者から店舗内での販売の手伝いのために送り込まれた店員のことで、当初は販売繁忙期における一時的な販売援助であった。しかし、新興的な製造業者や卸売業者は六人都市の人手百貨店との取引を展開するために、自社の店員を百貨店に対し積極的に派遣して売場において販売に従事させた。もちろん、この派遣された店員の人件費は製造業者や卸売業者の負担となる。一方で、製造業者や卸売業者にも百貨店という販売の最先端における消費者の動

41）　宮副謙司・内海里香、前掲書、16 頁。高丘季昭・小山周三、前掲書、77 頁。小山周三、前掲書、145 頁。
42）　宮副謙司・内海里香、前掲書、15　16 頁。前掲『百貨店のあゆみ』194 - 195 頁。前掲『ストアーズレポート』2019 年 11 月号、9 - 28 頁。前掲『同レポート』2020 年 4 月号、9 - 32 頁。

向や、売れ筋商品などの情報が迅速に把握できるというメリットがあった。[43]

　こうした事情から戦後復興期から始まった派遣店員の制度は、高度成長期以降に一貫して増加し、百貨店の仕入・販売の両面において不可欠な存在となったのである。その結果、公正取引委員会が派遣店員の問題を指摘したために、日本百貨店協会は 1977 年 9 月に派遣店員の自主規制を決めて改善を押し進めた。しかし、派遣店員は百貨店と製造業者や卸売業者との取引慣行のなかから生じた存在だけに、百貨店の多くの部門で全廃されることはなく、現在の百貨店においても大きなウエイトを占めている。[44]

第 5 節　百貨店の売場と接客販売

1．売場の特徴

　高度成長期以降現在に至るまで百貨店の売場には、自社で売場を編集して陳列する「平場」と、ブランドなどがインショップのスタイルで売場を構成する「箱」と呼ばれる売場とが併存してきた。[45]この背景には、まず東京都内の大手百貨店において「売場の専門店化＝ショップ化」が 1960 年代後半から進んだことがあった。1970 年代に入ると「箱」の売場が、消費者のライフスタイルの変化やブランドブームの到来を受けてファッションの多様化に対応しつつ拡大していった。[46]1980 年代後半には、インポート・ブランドによる路面直営店の出店が相次いだ。その結果、各百貨店では「平場」から「箱」への動きに拍車がかかり、インショップの「箱」の売場ゾーンが主流を占めるようになった。[47]

43）岡田康司、前掲書、116 - 117 頁。江尻弘、前掲書、37 - 39 頁。北島啓嗣、前掲書、35 頁。また、筆者が百貨店に派遣店員として勤務した経験に基づいている。

44）岡田康司、前掲書、117 - 118 頁。丸木格、前掲書、193 - 198 頁。江尻弘、前掲書、39 - 40 頁。前掲『百貨店のあゆみ』83 - 84・196 - 197 頁。

45）『松坂屋百年史』株式会社松坂屋、2010 年、216 頁。

46）『伊勢丹百年史』株式会社伊勢丹、1990 年、214 - 215 頁。『大丸三百年史』J. フロント リテイリング株式会社・株式会社大丸松坂屋百貨店、2018 年、314 頁。前掲『松坂屋百年史』216 頁。

47）前掲『松坂屋百年史』216 頁。前掲『百貨店のあゆみ』196 頁。

　各百貨店が自社において運営する「平場」と、製造業者や卸売業者などの取引先が独自のノウハウで運営する「箱」のほかに、百貨店と取引先が共同で運営する売場も存在している[48]。このように 3 形態の売場が存在しているが、いずれの売場も永久に存続するものでなく、顧客のニーズや競合状況に応じて定期的に見直していくことが求められる。最適な売場を作るためには、百貨店側からのブランド力のある商品や専門店などのリサーチや、それら関係者と交渉をしながら開拓を継続しておこなう必要がある。そして、取引先との連動・融合を前提とした売場の拡大・縮小、新規導入や改廃を積極的に進めていくことが重要である。各百貨店が店舗レベルで自主編集売場を強化しつつ全売場の編成を常に刷新していくことこそが、その時代の消費者に新鮮な価値を与えることにつながり、より一層消費者の支持を高めて、今後も日本の百貨店業態における企業経営が持続的に成長できる大きな要素となるのである[49]。

2．PB 商品の開発

　高度成長期以降、全国いずれの店舗でも同じような品揃えがみられ、同質的な売場になってしまい、各百貨店の個性が足りないという批判的な見方がある。この第 1 の理由は前節の「箱」の売場作りと関係していることで、第 2 には百貨店あるいは店舗による独自商品の開発力の低下があげられる。その一方で、百貨店の紳士服の分野では、1960 年後半から 1970 年代にかけて欧米の有名デザイナーとライセンス生産契約を結び、日本の製造業者と協力して手を組み、PB（プライベートブランド）作りを展開し、精力的に販売してきた[50]。百貨店においても、自らの裁量において自主企画商品の開発に乗り出したのである[51]。

　それ以降現在に至るまで各百貨店では、海外の有名ブランド品のデザイナー

48）　新井田剛、前掲書、124 – 125 頁。

49）　宮副謙司・内海里香、前掲書、19 – 20 頁。新井田剛、前掲書、61 – 71 頁。西谷文孝、前掲書、28 – 29 頁。今光俊介「百貨店」柳純編著『激変する現代の小売流通』五絃舎、2013 年、112 – 115 頁。『ストアーズレポート』株式会社ストアーズ社、2019 年 12 月号、12 – 13 頁。

50）　小山周三、前掲書、149 – 152 頁。前掲『百貨店のあゆみ』110 頁。丸木格、前掲書、118 – 119 頁。前掲『流通現代史』51 頁。

51）　加藤勇夫・寶多國弘・尾碕眞編著『現代のマーケティング論』ナカニシヤ出版、2006 年、56 – 57 頁。

や製造業者と提携し、確立された製造・販売技術をもつ提携先の知名度、デザイン、機能、ノウハウなどのライセンス料やロイヤリティを支払うことによって導入した PB の事例が多くみられた。PB は、衣料品をはじめとして食料品・家具・雑貨などの商品にも数多くの種類が存在し、また高級品から大衆品までグレードの幅も広くとって、主要商品に一貫して名付けた総合ブランドとしても開発されてきた[52]。しかし、他の小売業態と比べてみても、各百貨店の売上高に占める PB の割合は決して高いとはいえないのも確かである[53]。

3．接客販売の多様化

　百貨店の接客販売とは、店員が顧客の来店から退店までを対象にし、顧客の購買行動の流れに沿って、商品や店舗の価値提供をおこなうことである。各百貨店では、実際のところ製造業者や卸売業者などの取引先からの派遣店員が主体で接客販売しているという現状があり、その体制は現在も継続されている。百貨店の主導の範囲は制約されるとしても、売場・ブランドを横断する形での情報を顧客に提供し、かつアドバイスしつつ案内する接客体制や予約接客、有料接客で活動する店員の環境整備をおこなう必要がある[54]。

　化粧品、インテリア、スポーツ、食料品のフロアにおいてブランドを超えて横断的な商品選択をアドバイスする接客販売は、百貨店の業態特性を強く発揮するもので、さらに積極的にとり組む必要がある。また、従来のような売場で店員が待ちの姿勢で販売する体制ではなく、アポイントメント型の接客販売もみられる。これによってあらかじめ顧客のニーズを理解し、その接客にどのような専門性やスキルが必要かを考慮し、最適な店員を配置することが重要である。それにより顧客満足度が上昇し、各売場でも無駄な販売待機の時間が削減され、コスト的にも非常に有効である。しかも、現在では有料型の接客販売も

---

52) 岡田康司、前掲、123 頁。前掲『百貨店のあゆみ』193 頁。丸木格、前掲書、118 − 127 頁。前掲『反攻する百貨店』94 − 97・108 − 112 頁。
53) 寺田伊津子『百貨店 売場からの変革 −単品管理技法導入による自主化への挑戦−』日本コンサルタントグループ、1995 年、186 − 187 頁。
54) 宮副謙司・内海里香、前掲書、256 − 257・288 頁。

現れてきた。今後、百貨店は「サービスは無料」という固定概念から脱して、付加価値の高い接客内容については、顧客からそれ相応の対価を得られるというビジネスモデル作りが求められている。[55]

　他の大型商業施設と比べて百貨店の大きなアドバンテージは、豊富な知識や高い説明力をもち、笑顔や会話が魅力的な店員＝「ヒト」である。近年では、顧客が有益な助言を得られるエキスパートを頼りにするために、純粋に店員とのコミュニケーションを楽しめるようなとり組みをおこないつつ、それを巧みに活用して集客力や収益力を高める百貨店がみられる。他方では売場を接客のパターン別に分類して接客内容を標準化（マニュアル化）しても、決して顧客満足度が低下しない仕組みを作り出した百貨店も現れてきた。[56]

第6節　百貨店の立地展開

1．都心立地店舗

　百貨店事業の業績には店舗の立地、つまり店舗の開設場所の選定が大きな影響を与える。[57]都心立地店舗は呉服系百貨店が主流を占め、明治後期に三越が東京日本橋に開設したのが最初であり、ほかにも大丸の大阪心斎橋店や松坂屋の名古屋店などが代表的な店舗である。その品揃えは、高級ファッション品から日用・雑貨品、食料品に至るまで幅広く、文化的催事や劇場などサービス体制も整っている。[58]

　この店舗は都心や中心商店街に立地していることも特徴で、地方都市でも同様の立地がみられ、富裕層を顧客に抱えている。高級品の需要が高く、美術品や宝飾品などで売上を上げる戦略も重視されるため、美術展や物産展などの店内催事で富裕層の集客を図っている。逆に、外商の販売形態をとることも多い。

55）宮副謙司・内海里香、前掲書、288 - 290 頁。
56）『ストアーズレポート』株式会社ストアーズ社、2018 年 7 月号、18 - 21 頁。新井田剛、前掲書、118 - 122 頁。
57）林上『名古屋圏の都市を読み解く』風媒社、2019 年、150 - 164 頁。
58）岡田康司、前掲書、139 - 141 頁。宮副謙司・内海里香、前掲書、20 - 21 頁。

すなわち、店舗に来店してもらうために、その営業担当者が富裕層宅に派遣店員と出向いて商品を説明して、売場で最終的に販売する方法もみられ、店舗の集客数をあげる仕組みをもっている。[59]

2．ターミナル立地店舗

　この店舗は、鉄道やバスなどの交通機関が発着するターミナルもしくはその近くに立地しているのが特徴である。大阪梅田に阪急百貨店が登場したのが最初であり、それ以来、小売業が立地産業といわれるようになった。当初は、電鉄系の新興百貨店の店舗が占めていたものの、次第に呉服系百貨店もターミナル方式の百貨店経営に乗り出した。現下では、呉服系百貨店と JR 系の共同運営による「JR 百貨店」が、京都・名古屋・札幌駅で展開している。[60]

　都心立地店舗に比べて、すべての商品にわたって品揃えの方法や顧客の購買動機もより実用的で、一段と便宜的な性質の商品の割合が多い。客単価のアップは交通機関を利用する顧客が多いこともあり、都心立地店舗に比べて、それほど意識する必要がない点に経営のアドバンテージがある。月別売上高では、都心立地店舗が中元・歳暮の贈答期に比重が高いのに対し、ターミナル立地店舗では季節的な変動がより少なく、各月ともに平均的である特徴がみられる。[61]

3．郊外立地店舗

　この店舗は、巨大都市圏の周辺において住宅を建設したニュータウンに出店し、大型のスーパーや各種専門店との共同事業によるショッピングセンター（SC）方式をとっていることが多い。[62]百貨店による最初の SC 開発は 1969 年に

59）宮副謙司・内海里香、前掲書、20 - 21 頁。また、筆者が百貨店に派遣店員として勤務した経験に基づいている。

60）末田智樹、前掲「ターミナルデパートの素人経営を編み出した阪急百貨店」108 - 109 頁。岡田康司、前掲書、142 頁。伊藤元重、前掲『百貨店の未来』58 頁。西谷文孝、前掲書、61 - 64 頁。池澤威郎『駅・まち・マーケティング−駅ビルの事業システム革新−』2017 年、同友館、4 - 36 頁。

61）宮副謙司・内海里香、前掲書、22 頁。

62）岡田康司、前掲書、143 頁。北島啓嗣、前掲書、8 - 9 頁。斉藤徹『ショッピングモールの社会史』彩流社、2017 年、144 - 161 頁。

オープンした玉川髙島屋 SC であり、地方都市でも山口県のシーモール下関の大丸下関店や長野県のアイシティ 21 の井上百貨店などがある。なお、SC を活用した郊外型店舗は、2000 年以降、地方百貨店が生き残り戦略として展開している。SC ではないが、地方都市において郊外型店舗を得意とする百貨店として、岡山市を本店とする天満屋がある。現在では、広島緑井店や米子しんまち天満屋などが地域社会の生活・文化の向上に寄与するために営業をおこなっている。[63]

第 7 節　平成期の売上高と店舗数の動向

1. 売上高の変化

　全国の百貨店（日本百貨店協会加盟店）の売上高のピークは、バブル景気の 1991 年の 9 兆 7,130 億円であった。2019 年の 5 兆 7,547 億円とピーク時を比べると、1991 年比で 40.8% の減少となり、2019 年までの 28 年間で 3 兆 9,583 億円の売上高が消滅したことになる。これは、現在の大手百貨店グループの百貨店事業 4 社分を上回る額である。また、28 年間で毎年平均約 1,413 億円を失ってきたことにもなり、1,000 億円を超える大都市の基幹百貨店が毎年 1 店舗ずつ閉店してきた規模でもある。[64]

　エリア別の売上高推移では、バブル崩壊後の 2000 年代初頭まで地方都市が比較的健闘してきた。しかし、2000 年代半ば以降、徐々に地域間格差が鮮明化し、リーマンショックの 2008 年を境にさらに拡大していった。6 大都市の 1999 年の売上高は 4 兆 8,219 億円、2009 年は 3 兆 6,304 億円、2019 年は 3 兆 5,439 億円で、26.5% の減少であった。6 大都市以外の地方都市の 1999 年の売上高は 4 兆 1,716 億円、2009 年は 2 兆 9,536 億円、2019 年は 2 兆 2,107 億円で、

63）宮副謙司・内海里香、前掲書、24 - 25 頁。前掲『ストアーズレポート』2020 年 4 月号、26 - 32 頁。
64）『ストアーズレポート』株式会社ストアーズ社、2020 年 7 月号、16 頁。『同レポート』同社、2019 年 3 月号、23 - 25 頁。『2019 年（令和元年）日本百貨店協会統計年報』日本百貨店協会、2020 年、25・46 頁。

47%の減少であった。[65]

　地方百貨店の売上高は、リーマンショック後の人口減少・少子高齢化の進行と大型のSCや駅ビルの開発や大改装、ならびに食品スーパーやコンビニエンスストアの出店加速などに伴う競合激化によって、なお一層減少し、それらをとりまく消費環境がますます厳しくなっている。[66]

2．店舗数と売場面積の変化

　百貨店業態の経営状況の厳しさは、全国の店舗数にも表れている。店舗数のピークは、1999年の311店舗（企業数140社）であった。2019年末の208店舗（企業数76社）と比べると、20年間で103店舗（企業数64社）も減少し、平均すると毎年5店舗超（企業数3社超）が閉店してきたことになる。店舗数の減少は、とくにリーマンショック後が目立つ。2009年から2011年の3年間では26店舗、2017年から2019年の3年間では26店舗が閉店し、ここ数年で一層加速している状況である。店舗の閉店は地方都市の百貨店が多いが、大都市における郊外立地の中小規模店も少なくない。リーマンショックを契機に多くの百貨店が、不採算店舗の閉店に踏み切る構造改革を断行してきたものの、近年も再燃してきた結果といえよう。[67]

　売場面積のピークは、2000年の710万7,093平米であった。2019年の店舗面積が536万9,648平米であり、単純比較では19年間で173万平米超も減少している。[68] 2000年以降は、6大都市の売場面積はわずかながら拡大する時期もあったが、地方都市の百貨店の売場面積は大きく落ち込んでいる。[69] 従業員数については、1999年の122,438人から2019年の65,944人へと半数近く減少している。[70]

65）前掲『ストアーズレポート』2020年7月号、17頁。前掲『日本百貨店協会統計年報』46–47頁。
66）前掲『ストアーズレポート』2020年7月号、18頁。
67）前掲『ストアーズレポート』2020年7月号、16–17頁。前掲『日本百貨店協会統計年報』25頁。伊藤元重・下井直毅監修、前掲書、15頁。
68）前掲『ストアーズレポート』2020年7月号、17頁。前掲『日本百貨店協会統計年報』25頁。
69）伊藤元重、前掲『百貨店の進化』48–50頁。
70）前掲『日本百貨店協会統計年報』25頁。伊藤元重・下井直毅監修、前掲書、14頁。

3．品目別売上高構成比の変化

　まず食料品は、1999年の構成比23%から2009年に27.7%まで上昇し、2019年も27.7%と堅持した。それだけ、デパ地下や食関連の物産展催事等が百貨店業態の強みとなり、その強化策に各百貨店が注力してきたことがわかる。しかし、食料品の売上高のピークは1999年の2兆727億円で、2019年の1兆5,915億円と比べると23.2%も減少している。この背景には、大規模な複合商業施設や駅ビル・駅ナカ、大型のSCの開業や改装で食販・飲食関連が強化されてきたことがある。これに加え、地方・郊外百貨店では食品スーパーやコンビニエンスストアも含めた競合が熾烈化し、なおかつネット通販も著しいことがあった。多くの百貨店にとって集客装置であるデパ地下の牙城が崩されないためにも、「食」の価値ある「モノ」「コト」の両提案によるリアル店舗の魅力化が欠かせないといえる[71]。

　次いで、化粧品、美術・宝飾・貴金属などで構成される雑貨の上昇も目立っている。その構成比は、1999年の13.6%と2009年の13.9%に比べて、2019年には20.1%まで上昇している。雑貨の売上高の半数近くを占めて躍進を牽引してきた化粧品の売上高は、2006年の3,379億円から2019年の5,713億円へと上昇し、13年間で2,334億円も増大している。訪日外国人（インバウンド）観光客の旺盛な消費の恩恵が大きいものの、20・30代の国内女性の増加も目立っている。この年代は、百貨店にとって新規顧客あるいは次世代顧客の開拓の起点にしなければならず、そのため近年多くの百貨店で化粧品売場を拡大する動きが活発化している[72]。

　これらとは対照的に、衣料品シェアの減少傾向が止まらない。1999年は40.7%と4割を超えていたが、2009年には35.5%、2019年には29.3%へと減少し、ついに3割を切るまで下降した。売上高でいえば、ピーク時の1991年

71）　前掲『ストアーズレポート』2020年7月号、18頁。前掲『日本百貨店協会統計年報』27・68頁。『ストアーズレポート』株式会社ストアーズ社、2020年3月号、9‑28頁。伊藤元重・下井直毅監修、前掲書、9頁。

72）　前掲『ストアーズレポート』2020年7月号、18頁。前掲『日本百貨店協会統計年報』26・68頁。伊藤元重・下井直毅監修、前掲書、10頁。

の3兆9,277億円が、2019年には1兆6,833億円の57.1%減となり、6割近くも落としていることになる。これは前述した2019年の総売上高の減少額3兆9,583億円のうち、衣料品で56%超を占める。衣料品の減少額のうち、約65%を占めるのが婦人服である。その婦人服の2019年の売上高は1兆791億円であり、ピークだった1998年の2兆2,751億円と比べて52.6%も減少し、既に市場規模が半減していることがわかる。近年の衣料品および婦人服の低迷は、百貨店の売場改装に伴う面積縮小の影響である。このカテゴリーはいまだ百貨店にとって収益源に違いないが、漸減傾向に歯止めがかからないのも確かであり、頼りすぎない収益モデルの構築が必要不可欠な時代が近づいているといえよう。[73]

おわりに

　日本では2020年に入ってCOVID-19の感染が拡大し、それを防ぐために全国の百貨店では2月下旬から次々と店舗の営業短縮をおこなった。翌3月の主要10都市の売上高は、とくに「爆買い」現象と言われた2015年から多大な恩恵を受けていた訪日外国人観光客の減少と重なって36.2%減となった。[74] そののち4月7日の緊急事態宣言の発令で、全国の百貨店は1ヶ月以上にわたり休業することになり、5月の全国百貨店売上高は全体で前年同月と比べて65.6%の減少となった。[75] 続いて6月の全国百貨店売上高は、既存店ベースで前年同月と比較して19.1%の減少であった。緊急事態宣言の全面解除を受け、東京都心の店舗などで全館の営業再開や営業時間の短縮とりやめが相次いだため、5月の65.6%減から大きく改善した。[76]

73）　前掲『ストアーズレポート』2020年7月号、19頁。前掲『日本百貨店協会統計年報』26・68頁。伊藤元重、前掲『百貨店の進化』36-38・60-65頁。伊藤元重・下井直毅監修、前掲書、6-7頁。

74）　『日経MJ』2020年7月8日、7頁。『ストアーズレポート』株式会社ストアーズ社、2020年7月号、16頁。前掲『同レポート』2019年9月号、23-25頁。伊藤元重・下井直毅監修、前掲書、74-77頁。

75）　『中日新聞』2020年6月24日、8頁。『日経MJ』2020年6月26日、9頁。

76）　『日経MJ』2020年7月24日、11頁。

　現今の百貨店では、その営業方法の特質である接客しながらおこなう対面販売の改良が迫られている。7 月に入って COVID-19 の全国的な感染が一段と拡大し、人の密集を避けるために、夏のバーゲンセールをブランドごとに期間で分けて展開し、また予約制による接客販売や店頭受取サービスが登場している。一方で来店客が減少したために、集客のメインとする地域物産展や名物催事をオンラインで開催する百貨店が現れている。さらに、外商が担当する富裕層を対象にして、時計や宝飾品、高級ファッション等の高額商品をオンラインによって接客販売する百貨店も登場している。COVID-19 感染拡大の影響を受けて、2010 年代の売上を支えてきた訪日外国人観光客の消費市場について従来通りの回復は、この後の数年は大きく期待できない。

　日本全体に「新たな生活様式」がとり入れられたために、今後も百貨店経営において新たな営業方法の構築が急がれる。これとあわせて近年、EC (電子商取引) サイトの強化やそれ専用の事業部の編成が進むなかで、売場の賃料モデルの不動産事業にも力を入れるなどの百貨店自体の事業モデルの変革が迫られているといえよう。そして、生活様式や消費行動における「新常態 (ニューノーマル)」への移行のなかで、百貨店において既存のデジタル技術とオンラインを駆使した接客販売が従来のオフライン (店頭) とより連携を強めることは間違いない。だからこそ、現下の小売業態のなかで経営組織や販売・仕入・商品・顧客等の管理体制に強固な基盤をもち、最も接客販売に長けた店員を売場に多数配置できる百貨店業態の真の価値が問われているのである。

77)　『中日新聞』2020 年 5 月 22 日、20 頁。

78)　『中日新聞』2020 年 7 月 2 日、7 頁。『日経 MJ』2020 年 7 月 10 日、1 頁。

79)　『日経 MJ』2020 年 8 月 3 日、7 頁。

80)　『ストアーズレポート』株式会社ストアーズ社、2018 年 3 月号、9 – 28 頁。『同レポート』同社、2020 年 8 月号、6・9・10 – 36 頁。

81)　前掲『日経 MJ』7 月 10 日、1 頁。『日経 MJ』2020 年 7 月 17 日、1・7 頁。『日経 MJ』2020 年 7 月 22 日、9 頁。『ストアーズレポート』株式会社ストアーズ社、2020 年 2 月号、10 – 17 頁。伊藤元重、前掲『百貨店の進化』69 – 74・85 – 115 頁。髙嶋克義・髙橋邦夫、前掲書、175 – 177 頁。

82)　前掲『ストアーズレポート』2020 年 8 月号、6・9 頁。

第7章　専　門　店

はじめに

　近年、専門店の役割は重要性を増している。これまで消費者のショッピング
の楽しさの担い手は、百貨店やGMS（ゼネラル・マーチャンダイズ・ストア：総合
スーパー）が中心的な役割を果たしてきた。百貨店やGMSに行けば、高級品
から日用品まで何でも揃い、ワンストップショッピングができたため、消費者
が便利で快適なショッピングを楽しむことが可能であった。

　しかし、現在、百貨店やGMSの存在意義が揺らいでおり、閉店を余儀なく
される店舗も見られるようになってきている。では、消費者は、どこでショッ
ピングを楽しんでいるのであろうか。

　最近の消費者の購買行動において、特に注目すべきことは、イオンのショッ
ピングセンターや三井アウトレットモールなど専門店が集まった大型小売店で
のショッピングが増えていることを実感していることである。

　つまり、魅力ある専門店が、消費者をショッピングへと引き付けているので
ある。では、消費者を引き付ける魅力ある専門店とは、どのような店なのであ
ろうか。

　そこで、本章では、小売業のなかでも百貨店やGMS以外の業態において特
色のある専門店について取り上げる。特に、専門店の特色のなかでも次の2点
に焦点を当てる。第1は、昨今の専門店の特色である、これまでの常識として
認識されてきた業態特質の枠を超えて展開し、多様性を持たせた専門店の特徴
について事例を踏まえながら考察する。第2は、専門店の特色である専門性を
高めながら売上を伸ばしている専門店の特徴について事例を踏まえながら考察
する。

第1節　専門店の概念

　専門店とは、Specialty Store のことであり、商業統計調査 (経済産業省)[1] の業態分類によると、「衣料品」「食料品」「住関連」に大別でき、取扱商品の 90% 以上を買回品や専門品などで占める非セルフサービス店である[2]。

　また、一般社団法人日本専門店協会によると、その目的において、専門店を「くらしに夢を与えることを目指して、品揃え、サービスに独創性を有し、主として買い回り品、専門品を取り扱う商圏の広い小売店をいう[3]」と規定している。

　さらに、青木均は、専門店を「専門品や買回品を中心に、限定された商品分野や対象顧客に専門化して、幅が狭くて深い品揃えを実現し、販売に際しては、販売員による商品に関する情報提供をはじめとした十分な接客 (完全サービス)を展開するような営業形態である。商品の価格水準は高い。生業として営まれる、いわゆる『一般小売店』が専門店として認識される場合もある[4]。」と定義している。

第2節　専門店の特質

1．業種と業態の特徴

　小売企業は、顧客に商品を購入してもらい、満足感を得てもらえるよう顧客ニーズに合わせた品揃え、販売方法、商品調達などを日々考えなくてはならない。そのため、小売企業の経営手法も従来の発想からの脱却が求められている。

---

1) 商業統計調査は、2019 年から新たに行われている「経済構造実態調査」に統合・再編され、廃止されることとなった。https://www.meti.go.jp/statistics/tyo/syougyo/haishi.html、2020 年 5 月 30 日閲覧。
2) 日野隆生「専門店」柳純編著『激変する現代小売流通』五絃舎、2013 年、147 頁。
3) https://www.jsa-net.or.jp/introduction、2020 年 5 月 30 日閲覧。
4) 青木均「小売業者と流通」青木均・石川和男・尾崎眞・濵満久著『新流通論 改訂版』創成社、2014 年、86 頁。

それは、これまでの小売企業の経営手法の特徴である○○屋や××店と呼ばれる「業種」から「業態」への転換を意味している。

　つまり、業種とは、小売業が取り扱う主要販売品目で分類するのに対して、業態は、顧客のニーズに合わせた商品やサービスをどのような方法や仕組みで提供するかといった経営手法で捉えた分類方法であるといえる[5]。

2．業種店と業態店の特徴

　店舗の営業形態の特徴として、何を販売するかという商品やサービスによって分類された店舗のことを業種店（専業店ともいう）という。例えば、商業統計調査では、八百屋や果物屋は、野菜・果実小売業、魚屋は、鮮魚小売業、本屋や文房具店は、書籍・文具小売業に分類されている[6]。

　また、どのような販売方法を採るかを明確にすることによって、ターゲットとする顧客層やマーケティング・マネジメント方法などの総合的な経営方法の明確化を図ることができる店舗のことを業態店という。例えば、商業統計調査では、業態店を、取扱商品の割合や売場面積当たりのセルフサービス販売方式の採用割合、売場面積の基準、営業時間の基準で分類しており、百貨店、総合スーパー、コンビニエンスストア、ドラッグストア、ホームセンターなどと分類されている。また、専門店も業態店として位置づけられる[7]。

　業種店では、単一の商品やサービスの専門的あるいは総合的な品揃えによって顧客層を限定せず、不特定多数を販売対象としているが、業態店では、明確な顧客層に対して、店の存在目的や商品やサービスの組み合わせを限定して提供している[8]。また、商店街は、自然発生的に業種店が集積し、街として形成されていったのに対し、ショッピングセンター（ショッピングモール）などは、

5）　拙稿「小売業の経営」伊部泰弘・今光俊介編著『現代企業と経営 増補版』ニシダ出版、2013 年、135 頁。
6）　https://www.meti.go.jp/statistics/tyo/syougyo/result-1/pdf/4h26k-sangyoubunruitaisyou.pdf、2020 年 6 月 14 日閲覧。
7）　https://www.meti.go.jp/statistics/tyo/syougyo/result-2/h26/pdf/gyotai/gyotairiyou2.pdf、2020 年 5 月 30 日閲覧。池田真志「小売業の基本」坪井晋也・河田賢一編著『流通と小売経営』創成社、2020 年、25 － 28 頁。
8）　拙稿「小売業の経営」、前掲書、135 頁。

ディベロッパーが人工的に開発し、業態店（専門店）に入店してもらうことで展開されているのである。

特に、今日、顧客の購買行動が「十人十色」あるいは「一人十色」と呼ばれるように、顧客1人1人が、時と場所および場面に応じて、自身の購買行動を変化させている状況にある。小売企業は、顧客のニーズをいち早く捉え、それに合わせた商品やサービスの品揃えを変化させていく必要があり、そのような意味においても業種店から業態店への転換が求められている。特に、業態店では、より顧客ニーズにあった商品構成、サービスを展開させるため、顧客の購買履歴を管理し、多頻度で購買してくれる顧客に対して優遇したサービスの提供を通じて、顧客の囲い込みを行うことが重要となる。

その際、顧客管理の実施方法として注目されていることの1つに、FSP（フリークエント・ショッパーズ・プログラム）がある。FSPとは、1回当たりの購買量が多い顧客や多頻度購買の顧客に対して、会員カード等の発行により、顧客の購買履歴を把握し、価格割引や顧客への適切な商品情報やサービスの提供などの便益を提供することで一般顧客との差別化を図り、優遇するための顧客管理プログラムである。特に、購買量や購買頻度に応じて顧客層のグルーピングを行い、各グループに応じたポイント還元やサービスの提供を行っていることが特徴的である。つまり、FSPにより、顧客の来店頻度や1回当たりの購入金額を引き上げることで、顧客のストア・ロイヤルティ（店舗忠誠心）の向上による顧客の囲い込み及び優良顧客の増加に繋げるための重要なツールとして機能させることができる[9]。

3．昨今の専門店の動向

昨今の専門店の動向として、2つの大きな流れがある。1つは、専門店の発展過程において、個人経営の店からチェーン店、そしてカテゴリーキラーへと成長を遂げている点にある。例えば、ユニクロを展開するファースト・リ

---

9) 同上、135 – 136 頁。

テイリングは、1949 年に山口県宇部市でメンズショップ「小郡商事」を創業
したのが始まりであり、1984 年に広島市にユニクロ第 1 号店「ユニクロ袋町
店」を出店している。以降、1986 年にロードサイド出店を行うとともにチェー
ン店による多店舗展開を行い、1998 年のフリースの開発・販売、原宿への都
心型店舗の出店、2001 年にロンドンへの出店を皮切りに上海や香港などの海
外展開を行った。その後、SKIP といった食品事業の展開といった多角化や
Theory（セオリー）ブランドなど国内外のファッションブランドの買収や 2006
年にニューヨークにグローバル旗艦店を出店し、国内でも銀座にグローバル旗
艦店をオープンするなど、ユニクロブランドのグローバルブランディングに力
を入れるようになった。[10]

　このように、個人店経営の専業店から業態店へと発展を遂げる過程で、チェー
ン店展開による多店舗展開を行い、その後、カテゴリーキラーへと発展してい
くといった専門店の展開が起こってきているのが特徴的である。また、ファー
スト・リテイリングの場合は、さらに海外進出や多角化を行うなど、日本の専
業店からスタートし、その後カテゴリーキラーに相応しい専門店へと成功を遂
げた企業の 1 つとして位置づけられる。

　専門店におけるもう 1 つの流れが、リアルショップとネットショップの併用
（オムニチャネル）及びネットショップのみの専門店展開である。インターネッ
トの高速化、大容量化やスマートフォンの普及は、専門店のビジネスモデルの
在り方を大きく変えている。先述したユニクロや家具のニトリ、家電のヤマダ
電機などもオムニチャネルでビジネス展開されている。コンビニエンスストア
や総合スーパーにおいてもオムニチャネルが展開されている。また、ネット
ショップのみの専門店としては、ファッション業界の ZOZO や印刷業界のプ
リントパックなどがあげられる。また、楽天市場を始め、Yahoo ショッピング
や PayPay モールなどネットショップ専門店の電子モール（オンラインモール）
を展開するビジネスモデルも普及している。

10）ファースト・リテイリング「有価証券報告書 2019 年 8 月期」4－5 頁、https://www.fastretailing.com/
　　jp/ir/library/pdf/yuho201908.pdf、2020 年 6 月 14 日閲覧。

第3節　目覚ましい発展を遂げる専門店の事例研究

１．多様な品揃えへと拡大するドラッグストア

（１）ドラッグストアの特徴と現況

　ドラッグストアは、一般医薬品を扱い、日常生活に欠かすことができない美と健康関連の商品を中心に品揃えを行い、セルフサービス方式を採用した業態である。ドラッグストアは、特に女性をターゲットとし、主力商品は、薬品、医療品、化粧品、美容品、トイレタリーなどである。医療機関をできるだけ利用せず、自分自身で健康管理を行うことを意味するセルフメディケーションをコンセプトに、H&BC（ヘルス＆ビューティケア：「健康と美」）を追求し、実用品を中心に低価格帯の品揃えを展開する業態である。ドラッグストアは、近年急速に成長してきたが、薬剤師の確保、規制緩和による他業態の参入による競争激化への対応などが課題となっている[11]。2019 年 7 月 31 日時点、ドラッグストア市場は、売上高 6 兆 8,215 億円、90 坪以上の店舗数 14,249 店となっており、拡大傾向にある。また、坪当たりの年商高は 198.8 万円と増加傾向がみられ、効率的な店舗運営が行われている。また、企業数を見てみると、186 社であり、グループ再編による統廃合が進んでいる状況にある[12]。

　また、㈱日本ホームセンター研究所（2019 年 7 月 31 日調べ）によると、ドラッグストア業界全体の売上高 6 兆 8,215 億円に占める商品構成割合（100% に占める割合）については、食品が 24.1% で最も多く、化粧品（14.5%）、医薬品・OTC[13]（11.8%）、調剤薬（10.5%）、日用消耗品（9.9%）、ビューティケア（7.9%）、家庭用品（6.0%）、ベビー用品（3.2%）、ヘルスケア（3.0%）健康食品（2.6%）、

11）拙稿「小売業の経営」、前掲書、139 頁。

12）㈱日本ホームセンター研究所（HCI）『HCI ドラッグストア経営統計 2020 年版』㈱日本ホームセンター研究所（HCI）、3 - 4 頁。

13）OTC とはオーバーザカウンターの略であり、薬局・薬店・ドラッグストアなどで処方せん無しに購入できる医薬品のことである。日本 OTC 医薬品協会では、2007 年より大衆薬・市販薬から「OCT 医薬品」へ呼称を変更・統一している。https://www.jsmi.jp/what/、2020 年 6 月 14 日閲覧。

その他 (2.6%)、酒類 (2.5%)、介護用品 (1.4%) となっている[14]。食品と化粧品が、医薬品・OTC や調剤薬といったいわゆる薬の売上高商品構成比を上回る商品構成となっており、ドラッグストアの商品構成の多様性をうかがわせる結果となっている。しかし、食品については、企業によって構成比が大きく異なっている。例えば、2019 年の売上高に占める食品の割合では、コスモス薬品では約 56% であるのに対して、スギ薬局は 15% にも満たない状況となっている[15]。

（2）品揃えが多様化するドラッグストア「クスリのアオキ」の事例研究

㈱クスリのアオキホールディングス (以降、クスリのアオキと略す) の概要は、1874 年 7 月に創業し、1985 年に石川県白山市にクスリのアオキとして設立しており、今年で創業 146 年目の老舗企業である。特に、石川県をはじめとした北陸地方を中心に 20 府県に展開している。事業内容は、生活必需品を加えた品揃えを展開するドラッグストア事業を中心に、「地域の健康を守る」かかりつけ薬局としての調剤薬局事業も展開している[16]。

経営戦略の特徴は、マーチャンダイジング (商品政策) における品揃えの多様化と出店戦略にある。まず、マーチャンダイジングにおける品揃えの多様化については、ストアコンセプトに見て取れる。ストアコンセプトは「ショートタイムショッピングの実現を目指して、買いやすく選びやすい売り場をつくることをレイアウトの基本としています。商品の配置は『ヘルス』『ビューティ』『ライフ』『フード』部門に明確に分類して、選びやすい売り場づくりに努めています[17]。」となっており、ショートタイムショッピングが可能となる多様な品揃えをコンセプトに店舗展開している。部門別売上構成比をみると、2019 年 5 月期おいて、ライフ (家庭用品やベビー関連商品等) 61.5%、ビューティ (カウンセリング化粧品やフェイスケア商品等) 17.3%、ヘルス (医薬品や健康

---

14) ㈱日本ホームセンター研究所 (HCI)、前掲書、14 頁。

15) 同上、14 頁。

16) 同上、66 頁。https://www.kusuri-aoki-recruit.jp/sougou/mission/、2020 年 6 月 28 日閲覧。https://www.kusuri-aoki.co.jp/business/、2020 年 6 月 28 日閲覧。

17) https://www.kusuri-aoki.co.jp/philosophy/、2020 年 6 月 28 日閲覧。

食品等）12.0%、調剤 9.2% となっており、6 割を超える割合でライフ部門の売り上げとなっている[18]。特に、新潟県三条市の三条店における品揃えについては、医薬品よりも生鮮食品や加工食品のフード部門や日用品などのライフ部門の棚割りが圧倒しており、店内はさながらスーパーマーケットと見間違うくらいの印象がある[19]。

　次に、出店戦略についてであるが、2 つのタイプの店舗形態の出店を加速している点にある。1 つは食品・調剤・H&BC からなる 300 坪型とそれに生鮮を加えた 450 坪型で、前者が 9 割、後者が 1 割のペースで出店を進めている点にある。特に 450 坪型の生鮮を扱う店については、廃棄ロスリスクを抑えるため、青果を除く生鮮 3 品において、テナントを導入し、安定したテナント収入を見込んでいる。生鮮 3 品の専門店をテナントとして導入することは、品揃えや価格、品質の面で競争力のある売り場づくりが可能となり、店舗の拡大がしやすいというメリットがある。今後もテナントの導入には積極的であり、大型店の拡大を目指している[20]。また、出店地域も、関東と東海、近畿への出店を加速・拡大している。特に、青果や精肉、鮮魚、総菜を扱う 450 坪型の出店加速は、ワンストップショッピングの利便性を打ち出すとともに、北陸地方や東海地方で競合する生鮮を扱うドラッグストアのゲンキーや食品の安売りをコンセプトにしているコスモス薬品に対しても競争力を発揮している[21]。

　また、有店舗以外にもネットショップも設置しており、健康食品や医療用品、日用品、飲料などを販売している[22]。つまり、実店舗とネットショップの出店による OtoO（Online to Offline）への対応が取られている。

　人材育成の特徴として、企業と従業員の成長には人材育成が不可欠と考えており、様々な人材育成制度がある。その 1 つに階層別・職務別の研修制度が

18)　㈱日本ホームセンター研究所（HCI）、前掲書、66 頁。https://www.ir.kusuri-aoki-hd.co.jp/ja/Finance/BusinessHighlights.html、2020 年 6 月 20 日閲覧。
19)　筆者が 2020 年 6 月 12 日に個人的に利用した店舗であり、筆者が感じた店舗の印象である。
20)　『月刊激流』2019 年 1 月号、55 頁。
21)　『月刊激流』2020 年 1 月号、50 頁。
22)　http://shop.kusuri-aoki.co.jp/shop/、2020 年 6 月 28 日閲覧。

ある。新入社員研修からスタートし、2 年目社員研修、基礎研究、店長・薬局長研修、SV（スーパーバイザー）研修や海外研修など、自身のキャリアに合わせて段階的な研修制度が設定されている。特に、キャリアステップごとの研修制度を設けることで、着実に社員の成長が期待できる環境が整備されている。また、1 年目の新入社員研修に力を入れており、会社の経営方針や各部門の仕組み、役割の理解を通じ、組織人としての基本を習得させている。具体的には、ビジネスマナー、OTC 研修、チームワーク研修、基礎研修、コミュニケーション研修などである。さらに、基礎研修は年 4 回行われ、新入社員全員を集め、店舗管理や薬局経営に必要な知識を習得させている。具体的には、商品知識、業務における問題解決、スケジュール管理、計数管理（売上、粗利、在庫、進捗報告）、クレーム初期対応などの研修を行っている。また、新人薬剤師には、薬剤師専門の研修がある。同社は、ハピコムグループに加盟しており、薬剤師には、一般社団法人イオン・ハピコム人材総合研究機構が行う「認定薬剤師」を取得させており、医療用薬だけでなく、接遇や薬剤師としての心構え、OTCから日用雑貨にいたるまで幅広い知識を習得させている。2 年の研修で「認定薬剤師」に必要な単位が習得可能となっている。[23]

　つまり、クスリのアオキでは、新人研修やキャリア別研修など多様な人材育成制度を通じて従業員のモチベーション向上やキャリア向上のための支援を積極的に行っている。

2．カテゴリーキラーとして活躍するアイウエア（メガネ）専門店

（1）カテゴリーキラーとメガネ市場の現況

　カテゴリーキラー（Category Killer）とは、『流通用語辞典 新版』によると、「特定の商品分野（カテゴリー）に絞り込んで、豊富な品揃えと低価格を武器に百貨店やスーパーなど既存業態からその分野の売り場を奪ってしまう（キル）専門店のこと。[24]」としている。具体的には、家電、玩具、衣料品、住居用品、

23）　https://www.kusuri-aoki-recruit.jp/sougou/education/、2020 年 6 月 22 日閲覧。
24）　日本経済新聞社編『流通用語辞典 新版』日本経済新聞社、1994 年、37 頁。

事務用品、ペット用品、アイウエア、書籍、化粧品などの商品カテゴリーに焦点を絞った専門店が、主に基幹道路に立地するロードサイドショップとして展開している。大﨑恒次は、カテゴリーキラーを狭義と広義に分けて定義している。狭義では、「特定の商品分野（カテゴリー）に対象を絞り、そのなかで深い品揃えを大型店舗で実現した専門量販店であり、低価格販売を実現するために郊外に立地するなど、ローコスト・オペレーションでの運営を実践し、圧倒的なシェアを上げる小売業態[25]」としている。また、広義では、「必ずしも低価格での販売ではなく、特定分野においてライバル企業以上に集客する力があり、当該カテゴリーを支配するほどの競争力をもつ専門的な小売業態や、従来の業態の秩序（ルール）を脅かす、ないし変えていく存在に対して用いられている[26]。」としている。

　また、日本のカテゴリーキラーの代表例としては、家電では、ヤマダ電機やヨドバシカメラなど、カジュアル衣料品では、ユニクロを展開するファースト・リテイリング、紳士服では、洋服の青山やアオキインターナショナルなど、スポーツ用品ではアルペン、スポーツデポなど、家具であれば、ニトリ、玩具ではトイザらスが該当する[27]。

　メガネ（フレーム・レンズ）市場は、2018年において販売実績ベースで3,210億円（前年比98％）（Gfk ジャパン調べ）であった。特にメガネフレームの8割は、1万円以下の低価格帯で占められており、低価格帯商品の伸長により市場規模の縮小が続く可能性が指摘されている。メガネが数千円から購入できる「JINS」（ジンズ）や「Zoff」（ゾフ）の台頭は、消費者に「メガネは安い」という印象を根付かせたことにより、市場規模の縮小につながっているとの指摘もある[28]。

25）大﨑恒次「カテゴリーキラー」坪井晋也・河田賢一編著『流通と小売経営』創成社、2020年、207頁。

26）同上、207頁。

27）関根孝「小売機構」久保村隆祐編著『商学通論 六訂版』同文舘出版、2005年、59頁。

28）https://cdn2.hubspot.net/hubfs/2405078/cms-pdfs/fileadmin/user_upload/dyna_content/jp/20190326_glasses.pdf、2020年6月28日閲覧。日本経済新聞 2019年3月27日、https://r.nikkei.com/article/DGXMZO42965320X20C19A3000000?s=3、2020年6月28日閲覧。

（2）カテゴリーキラーとして活躍するアイウエア専門店「ジンズ」の事例研究

　㈱ジンズホールディングス（以降、ジンズと略す）の概要は、1988 年に有限会社ジェイアイエヌとして設立され、2001 年より、メガネブランド「JINS」の展開を開始した。同社は、ブランドビジョンを、「Magnify Life」（人々の生き方を豊かに広げる）とし、これを実践するための行動指針（Attitude）を「Progressive」「Inspiring」「Honest」としている。

　ジンズの経営戦略の特徴は、メガネの SPA（製造小売業）業態として展開しているところにある。自社で JINS というオリジナルブランドのメガネを企画し、海外の協力工場で製造し、直営の店舗で販売している。「メガネ業界のユニクロ」を標榜しており、モノ作り、売り方、マーケティングなど、多くの点で、ユニクロを目標、そして参考にしている。

　商品戦略については、価格帯を 4,990 円・5,990 円・7,990 円・9,990 円の 4 プライスで展開していることにその特徴がある。SPA 業態であるからこそ、低価格帯でなおかつ「4 プライス」展開を可能にしているといえる。また、高品質・高機能メガネを市場最低・最適価格で提供することを基本方針としつつ、「エアフレーム」「JINS SCREEN」といった新しい価値をもたらす商品開発を継続的に進めている。

　店舗戦略については、国内アイウエア事業においては、郊外ロードサイドへの出店を加速し、市場規模の大きいシニア層への浸透を進めている。また、海外アイウエア事業においても、既存店の着実な増収及び適切な新規出店を行うことで収益性の向上に取り組んでいるとともに、更なるグローバルネットワークの拡充に努めていることに特徴がある。

　ジンズの人材育成の特徴としては、店舗スタッフ教育に力を入れている点にある。新規出店が急激に増える中で、店舗スタッフ教育を体系化し、

29）https://jinsholdings.com/jp/ja/company/profile/、2020 年 7 月 4 日閲覧。㈱ジンズホールディングス「第 32 期有価証券報告書 2019 年 8 月期」https://pdf.irpocket.com/C3046/kAZq/aBRq/eCbj.pdf、4 頁、2020 年 7 月 4 日閲覧。
30）㈱ジンズホールディングス、同上、9 頁、2020 年 7 月 4 日閲覧。
31）㈱ジンズホールディングス、同上、9 頁、2020 年 7 月 4 日閲覧。

LMS（Learning Management System：学習管理システム）である「CAREERSHIP®」によるスキル習得や管理の仕組みを構築・導入している。スタッフ教育の向上が、サービスレベルの向上につながり、顧客満足度も向上するといった結果が出ている。また、「CAREERSHIP®」の構築・導入とともに、「何ができたらいい」「何ができないとダメ」という基準の明確化、表面化するために、従業員の各階層の役割や職務を「エントリー」「ベーシック」「アドバンス」「エキスパート」の4階層（※現在は6階層）に分け、各階層のチェックリストを作成し、それを、「JINSGRAM（ジンズグラム）」というマニュアルにまとめ、教育システムと結び付けた内容に整備し、全社統一の基準として、スタッフ教育に役立てている。³²⁾

　また、2016年より、店舗スタッフがより幅広いフィールドで活躍することを目的に、本部の職種を半年に1度社内公募する「キャリアチャレンジ制度」を開始し、店舗スタッフに現場だけでなく希望によってキャリアの選択の幅を広げている。³³⁾

　さらに、新卒採用においても、2019年度から自分を見るアイウエア「JINS MEME」（ジンズ・ミーム）を用いて集中力を計測し、選考の新たな基準とする「集中力採用」を試験的に導入している。同社では、イノベーションを起こすために必要だと言われている、"コミュニケーション"と"集中"の2つを重要視するために、2018年12月には、ワークスペース「Think Lab」（シンク・ラボ）³⁴⁾を開設している。また、採用説明会の際に、「Think Lab」で30分ほど「JINS MEME」で集中力を計測しながら個人ワークを行い、この時の集中のスコアと個人ワークの結果から合否を判定し、合格した人は、最終面接の1回のみの選考としている。これは、集中力を長所とする人材と通常採用のコミュニケーション力がある人材が交わることで、更なるイノベーションを誘発していくことを

32）https://lightworks-blog.com/e-learning-case-jins、2020年7月4日閲覧。
33）https://www.jins.com/jp/topics_detail.html?info_id=73、2020年7月5日閲覧。
34）Think lab とは、JINS が開設した「集中力を測定できるメガネ型デバイス「JINS MEME」の研究成果を用い、「世界で一番集中できる場所」というコンセプトで開発したワークスペースである。https://thinklab.jins.com/jp/ja/、2020年7月5日閲覧。

狙いとした独自の採用方法である[35]。

3．品揃えに特徴のある高級スーパー

（1）高級スーパーの特徴

　高級スーパーとは、食料品スーパーマーケット[36]の一形態であり、こだわりのある食材や高級食材、輸入食材の品揃えが比較的多く、東京や京阪神を中心に都市部に比較的小規模店舗として集中して出店しているところが多いのが特徴的である。

　片野浩一は、高級スーパーの特徴として、ワインやチーズ、パスタなどの輸入食品やオリジナル商品、PB（プライベートブランド）商品を扱うことによる品揃えの専門性を高めていること、価格は、一般スーパーと比べて高いこと、専門知識を有数する従業員の人的サービスの充実によってサービス水準が高いことの 3 点を指摘している[37]。また、上村博昭は、「端的にいえば、高級スーパーは、基本的にスーパーマーケットとしての態様を示すが、価格訴求における低価格販売ではなく、他の店舗で取り扱いのない商品や品質に基づく差別化を図る経営方針を採るスーパーマーケットと理解できる[38]。」と述べている。

　また、上村博昭は、高級スーパーの店舗展開に関する研究[39]において、11 のチェーンを分析対象とし、運営企業の概要や店舗展開の状況から鉄道事業者もしくは大規模の小売事業者のグループ企業として高級スーパーをチェーン展開する例が多いことを指摘している。また、高級スーパーの変遷において、明治屋、紀ノ国屋、成城石井、クイーンズ伊勢丹の 4 社の事例からこれまで輸入商、食料品販売店、一般的なスーパーマーケットに近いチェーンが顧客ニーズやブ

35）　https://www.jins.com/jp/topics_detail.html?info_id=73、2020 年 7 月 5 日閲覧。

36）　食料品スーパーマーケットとは、食料品の売上構成比が 70% 以上あるものであり、その特徴は、セルフサービス方式、品揃えの多様性、大量販売体制（大量仕入れ）、生鮮食品の品質管理体制、加工業務の標準化にある。圓丸哲麻「GMS」坪井晋也・河田賢一編著、前掲書、156 − 158 頁。

37）　片野浩一「小売業態フォーマットの漸進的イノベーションと持続的競争優位-クイーンズ伊勢丹の事例研究に基づいて-」『流通研究』第 17 号、2014 年、82 頁。

38）　上村博昭「東京大都市圏における高級スーパーの店舗展開に関する考察」『尚美学園大学総合政策研究紀要』第 30 号、2017 年、4 頁。

39）　詳細は、同上、1 − 19 頁を参照されたい。

ランドイメージの回復を目指し、高級業態へと変化していくとともに価格訴求ではない品揃えにおける差別化を図っていったことを明らかにしている。さらに、高級スーパーの立地展開においても、高級住宅地や外国人居住者の多い地区や輸入商が活動する大都市中心部から始まり、鉄道事業者や大規模小売事業者との関わりから多店舗展開を図り、事業拡大が行われてきたが、創業者からそれら資本に売却される際に、経営方針の変更やブランドイメージへの悪影響を避けるため、新たな店舗展開の際に小型化が指向されている可能性を指摘している。[40]

（2）品揃えに特徴のある高級スーパー「成城石井」の事例研究

成城石井の概要は、1927年2月に、東京都世田谷区成城にて「石井食品店」として創業した。当時から果物を中心に、酒やグロサリー（食品雑貨）、菓子などを扱っていた。1976年12月に、社名を㈱成城石井と変更し、「成城店」をスーパーマーケットに業態転換して営業を開始した。[41]さらに、駅ナカや首都圏を中心に小型店を展開するともに中京や関西方面にも出店していくこととなった。その後、幾度かの業績不振による事業売却等を経て、現在「ローソン」が経営権を取得し、運営している。[42]成城石井は、食にこだわる人たちのための食のライフスタイルスーパーを確立し、幸せに満ち溢れた社会の創造を目指している。[43]

経営戦略の特徴は、商品戦略と出店戦略にある。まず、商品戦略については、オリジナル商品の開発と直輸入に対してのこだわりである。オリジナル商品開発については、原材料・産地・製法・物流の各段階に自社が関与していることにある。委託先の工場に対して、品質管理担当者が事前訪問や確認を行い、自社の安全基準をクリアした衛生状態にある工場だけで製造を行っている。

40）同上、5-6頁、18頁。
41）http://www.seijoishii.co.jp/company/history/、2020年7月10日閲覧。石井良明『成城石井の創業そして成城石井はブランドになった』日本経済新聞出版社、2016年、10-22頁。上村博昭、前掲論文、14頁。
42）上村博明、同上、15頁。
43）https://www.seijoishii.co.jp/company/management/、2020年7月15日閲覧。

　また、店舗では、売場ケースの温度管理や賞味期限チェックなど商品の鮮度管理を徹底して行っている。さらに、惣菜・ハム・パンなどは、自社のセントラルキッチンで製造する体制を取っている。セントラルキッチンで生産される商品は企画の段階で、原材料の確認や商品の微生物・理化学検査等を実施し、自社の基準に合った原材料の選定や安心重視の商品設計となっている。直輸入体制ついては、特に、ワインはその 95％ 以上が自社輸入となっており、現地のワイナリーから店舗まで外気の影響を受けることなく、定温輸入を行っている。また、完全定温・定湿管理の倉庫で、ワインを保管し、店舗から注文のあった日に、オーダー分だけを店舗に輸送する体制を取っている[44]。

　次に、出店戦略については、多様な立地における出店が特徴的である。開業当初は、路面店中心であったが、1997 年に駅ビル出店（駅ナカ店）を開始して以降、デパ地下、ショッピングセンターテナント、オフィスビル、コンビニ跡地といった多様かつ収益性の高い店舗形態での出店がなされている。売上面積 10 坪程度から 200 坪程度までと小規模であるが、多様性と投資効率（出店地域の高所得者層の居住比率など）を考えた立地戦略を採っている[45]。

　人材育成の特徴として、従業員の販売力を高めるための教育プログラムを取り入れている。スーパーバイザーによる OJT（On the Job Training）はもとより、社員全員が受講できるチーズ、ワインのスクールやイントラネットを使った e ラーニング、チェッカー技能検定やソムリエ資格の取得支援といった多彩な Off-JT（Off the Job Training）を実施している。OJT と Off-JT を有機的に組み合わせることで、従業員のスキル向上や店舗のサービス品質向上に役立てている。また、従業員の教育内容も新入社員から店長まで職位に応じて、階層別研修、職能別研修（販売部門・顧客部門）、資格研修（販売部門・顧客部門）が体系的に行われている。特に、新入社員研修では、社会人としての基本や会社・事業知識だけでなく、店舗配属後に必要とされる接客技術、店舗経営指標、陳列ノウ

44）https://www.seijoishii.co.jp/company/strategy/product.html、2020 年 7 月 15 日閲覧。石井良明、前掲書、140－141 頁、160 頁。
45）https://www.seijoishii.co.jp/company/strategy/store.html、2020 年 7 月 15 日閲覧。

ハウ、発注業務などの知識が習得できる研修プログラムとなっている。[46]

おわりに

　専門店について、どの事例にも当てはまることであるが、各企業は、それぞれの業態の中でもより強い独自性（強み）を明確にし、それを顧客のニーズに合わせたビジネスモデルとして展開していることにその特徴がみられている。つまり、成功している企業は、これまでの各業態の特徴からはみ出していくこと（品揃えを多様化したり、ビジネスモデルを変更したり、特徴的な品揃えや店舗展開を行うこと）で各企業の生存領域を確保しているといえる。ストアコンセプトの明確化や特徴的な経営戦略と人材育成の視点は、専門店が生き残るうえで欠かせない点であることが事例を通じて明らかとなった。

　今後、専門店が消費者に継続して選ばれるようになるには、専門店ならではの魅力、すなわち何かしらのこだわりを持ち、それを持続していく姿勢が必要であり、競合企業や他の業態との違いを明確に出す必要がある。それが専門店である証であるといえる。

　特に、専門店において生命線ともいえる品揃えについては、専門性（奥行）と多様性（幅）のバランスが必要であり、顧客のニーズをどのように捉えるかが課題となる。

46）http://www.seijoishii.co.jp/company/strategy/hr.html、2020 年 7 月 15 日閲覧。

第8章　古民家再生施設と商業集積

はじめに

　今日、古民家再生店舗は至る所で見られるようになった。それは外見的には古い、しかし、その内容は現代的な新しい形態といえる独特なものである。それらが形成する商業集積は「現代的自然発生型商業集積」であり、これの理論的又は論理的解明は管理型商業集積のデベロッパーへの実践的提言にもつながるものと我々は認識する。

　古民家再生施設を商業者という括りでまとめてはいるが、ゲストハウスや飲食店等が含まれた多様な主体である。本章では機能的な使用価値が低下している古民家を再生する意義、商業集積の魅力を整理する。

第1節　古民家再生施設と集積

　近代的な都市部に古民家再生施設が点在・密集していることが多い。特に、空襲を免れた老朽化した古民家は壊されてしまう一方で、再生され商業施設として活かされ地域活性化に繋がっている。近代的な建築物の間にそれらは点在していることが魅力となっている。近代的空間と接する歴史的空間は全く異なる性質にはあるが、それぞれの空間を構成する商業者が全体としての品揃えに独自性を生み出しているとも理解される。

　大阪市空堀地区では歴史あるこの土地を気に入った外部に居住する人々が集まり、まちづくりの任意団体を創設し、古民家再生施設間の繋がりだけでなく、地域住民との協力関係を図り、合同イベントを開催している。再生施設は空堀地区全体に点在し、飲食店を中心に集積が形成されている。会社帰りに気軽に

立ち寄れるという距離的な魅力もあるが、それ以上に歴史的背景を受けた路地裏が多く、隠れ家的な店舗となっており、店舗面積はどれも狭く、店主と客との距離も近いだけでなく、店主のこだわりのある料理が提供されていることから、チェーン展開する店舗にはない魅力がある[1]。

「長屋混合型密集市街地」[2]である大阪市中崎町地区は各施設が密集しているため、各店舗を眺めながら楽しむという空間が形成されており、そのためか個性的な物販の店舗が多くなっている。近代的な建築物の間にある異空間を形成しており、全体としての品揃え形成をおこなう自然発生的商業集積の現代版である。特に、古民家再生施設とはコンセプトの異なる施設も開店するようになったことは注目に値する[3]。

大阪市阿倍野区昭和町付近は市の政策として古民家再生が積極的におこなわれた場所である。この地区は中崎町や空堀地区のようなオフィス街ではなく、住宅地にあり、且つ、古い家が多く残る地域でもあることから、古民家再生施設を積極的に好む消費者を呼び込むものではあるが、観光地的要素はみられない。近代建築物とのある意味バランスの悪さこそが観光地化する要素となっているのかもしれない。飲食が中心となるが、営業時間帯も日中が多い[4]。

堺市堺区にある長屋を再生した複数の店舗はゲストハウス、珈琲屋、カレー屋、マッサージ屋で構成されている。集積を形成しているとは認められないものの、個人的レベルでの感想ではあるが、それぞれが非常に個性的であり、且つ、本格的であることから、常連客をしっかりと捉まえている。又、店舗間の連携が非常に優れているため、客を店舗間で共有することが出来ているようだ[5]。

1) 菊森智絵「空堀商店街における町屋再生−約10年を経て−」『地域活性研究』第9巻、2018年、330 − 335頁。

2) 前田陽子・瀬田史彦「中崎地区における新しい店舗と既存コミュニティの関係に関する一考察−長屋再生型店舗の集積形成プロセスと地元住民との関係性に着目して−」『都市計画論文集』第47巻第3号、2012年。

3) 菊森智絵「現代的味付けによる古民家再生−空堀地区を中心として−」『関西大学大学院ガバナンス研究科修士論文』2019年。

4) 菊森智絵・松井温文「町屋再生・介護サービスに関する観察報告」『Discussion Papers in Business Management』第31号、2015年、4 − 5頁。

5) 同上、5 − 9頁。

　空襲を逃れた東京都谷中・根津・千駄木界隈はまさに観光地化された地域である。古民家再生店舗が人を集め、その効果が全くそれとは異なるコンセプトの店舗の開業をも促進させている事例である[6]。

　古民家を保存しようとする地域が各地に点在する。又、観光地において、町家等を再生する店舗もある。商店街の空き店舗の活用もそれに近いものがある。それらが立地する地域は従来から集積を形成していることから、集積を補完する役割にあると認識されるため、今は対象から外している。

　古民家再生施設はこれからも継続して増加し続けることは間違いがない。それらが集積を形成する場合、商業の歴史的原理、現代商業の必然的論理、もしくは、消費者行動の基本原理に従った形成がなされるものと我々は考える。もうしばらく観察を続けるものとする。

　本文における参考文献が記載されていないものは筆者菊森が視察した内容である。

第 2 節　古民家再生への関心の高まり

　「古民家」は統一的な概念定義がなく、一般社団法人全国古民家再生協会によれば、「昭和 25 年の建築基準法の制定時に既に建てられていた『伝統的建造物の住宅』すなわち伝統構法[7]」のことであるとされている。文化庁によれば、「登録有形文化財建造物は、50 年を経過した歴史的建造物のうち、一定の評価を得たものを文化財として登録し、届出制という緩やかな規制を通じて保存が図られ、活用が促されている[8]」とされ、平成 8 年に文化財登録制度ができた。登録の基準として「原則として建設後 50 年を経過したもののうち、①国土の

---

6)　筆者菊森自身が谷中・根津・千駄木界隈を 2018 年 9 月 16 日日曜日 12 時から 15 時まで視察調査をおこなった。

7)　一般社団法人全国古民家再生協会 HP「『古民家』の定義について」http://www.g-cpc.org/「古民家」の定義について、2020 年 5 月 1 日閲覧。

8)　文化庁 HP「文化財に関するパンフレット：建物を地域と文化に登録有形文化財建造物制度の御案内」https://www.bunka.go.jp/tokei_hakusho_shuppan/shuppanbutsu/bunkazai_pamphlet/pdf/pamphlet_ja_06_ver02.pdf、2020 年 5 月 1 日閲覧。

歴史的景観に寄与しているもの②造形の規範となっているもの③再現すること
が容易でないもの」[9]とされている。古民家鑑定士の教本『古民家解體新書Ⅱ』
によれば、「登録有形文化財制度にあわせ、築 50 年以上経過したもの、木造軸
組み工法の伝統構法、または在来工法の住宅」[10]のことであるとされている。

　遺跡や文化遺産は地域集団の歴史・伝統・風習等を集約した象徴的な存在で
あり、人類が歳月を経て各地で作りあげてきたものである。貴重な国民的財産
として文化財を保存・活用することを目的とし、文化財保護法が昭和 25 年に
制定された。重要な建造物を国が「重要文化財」と指定し、更に世界文化の見
地から特に価値の高いものを「国宝」と指定する。保存及び活用の措置が特に
必要とされる文化財建造物は「登録有形文化財」とされ、文部科学大臣が文化
財登録原簿に登録する「文化財登録制度」が導入された。現時点での国宝・重
要文化財 (建造物) の指定数は 2,509 件 (5,122 棟) のうち国宝は 227 件 (290 棟)
であり、登録有形文化財が 12,571 件である[11]。

　近代化は西欧の様式を積極的に取り入れることであったともいえるのではな
いか。特に、近代建築物はそれぞれが個性であり、芸術的作品であるとも理解
される。しかし、それらはその周りの建築物との調和を十分に検討されること
がなかったのかもしれない。特にアメリカにみられる建築様式はその代表であ
る。序章でも述べたように、今日、物質的な豊かさに満たされた我々日本人は
精神的な豊かさを求め始めていると考えられる。それは日本人が本来的に備え
た要素への回帰として現れ始めているものと我々は理解する。

　京都への観光はその最も顕著な表れである。城と城下町への観光もそれに続
くものである。安らぎを求めてそれらを訪れていると考えることに対する批判
はないであろう。「安らぎ」を「安心」と置き換えるならば、安心は日常的に
生起しないものであり、不安が生じた際に、それは安心に対する欠乏感が生じ

---

9)　同上。

10)　川上幸生『古民家解體新書Ⅱ−古民家を未来に残すための 124 の知識−』一般社団法人住まい教育
　　推進協会、2015 年。

11)　文化庁 HP「文化財指定等の件数」https://www.bunka.go.jp/seisaku/bunkazai/shokai/shitei.html、2020
　　年 5 月 3 日閲覧。

た際に、過去にあった安心を初めて確認・認識することになるという性質のものである。自らが求めた近代化・技術的発展によって生じた精神的な欠乏感が日本古来の伝統に関心を向けさせる要因となっているのではないか。

　観光というイベント的行動ではなく、日常的な行動の延長線上に古民家再生が寄与しているものと我々は考える。それは人間関係の希薄化とも深く関係し、その基礎は住居にあると我々は考える。特に、戦国時代にあって、城を中心とする街づくりは構造的になされ、統一された街並みを形成していた。それはそれぞれに区画された地区における文化を醸成するものであり、それぞれに協力的な人間関係も形成するものであった。これは時代を遡った話であり、住居と人間関係とを強引に結び付けたものであるとの批判を受けるかもしれない。各地域の地理的特性を活かし、且つ、色までも統一的な建物が特徴的なイタリアにおける特に路地裏文化はその批判に対する反批判である。時代は関係なく、住居する地区の構造的問題が重要だといえる。ヨーロッパ各国にみられる統一的な建物群は伝統を大切にする国民性の表れであるといえよう。日本人は西洋人に対する劣等感から素晴らしい自国の伝統を放棄してきたことに対して、本能的に反省しているとも理解される。

　江戸時代の住居は時代、地域、気候、身分や職業等の諸条件に合わせて建てられていた。農家住宅、魚家、商家や町屋、武家屋敷や侍屋敷等様々なタイプがある。それぞれは日本の伝統的な建築構法による独自性を持った建築物であり、芸術の産物でもある。芸術は人々に心の豊かさをもたらすものであり、現代社会にあって、その価値はますます高くなっている。

　古民家は自然素材を使用しており時を重ねるごとに風合いや艶を増す。また伝統的な木造建築のため職人の技術、日本の生活に適した建物の構造上の工夫がみられる。古民家再生とは古民家を元通りに修理・復元することではない。古き良き古民家の趣を生かし、梁や柱等の部材や構造・空間を最大限に活用し、新しい機能や性能を加え、快適かつ精神的な豊かさを与える現代建築物として蘇らせることが求められる。更に、芸術的要素やレトロな家財などにより、より魅力ある空間が演出される。あるゲストハウスでは欄間とガラスの間に照明

を取り入れたり、古い階段タンスを実際に2階へ上がるための階段として利用
したりと洒落たインテリアになっている。魅力溢れる古民家再生施設は各地に
広がっており、集積を形成する場合もある。

　古民家再生の手法には以下の4手法がある。[12]①現地再生は持ち家や購入し
た土地付き民家を移動せずにその場所で再生すること。基本的には構造材や造
作材など使える部材は全て使用する。②移築再生は自分の希望する土地に古民
家を移動し再生すること。10㎡を超える増築などを伴わなければ建築確認の行
政手続が不要である。基本的には、構造材を中心に再使用可能な部材は全て使
用する。③部分再生は土地や間取りに制限がある場合に古材を部屋単位で使用
し、新材と組み合わせて建築する。④古材利用は民家を解体した古材を新築建
物やマンション、店舗などの内装の部材として使用する。

第3節　共通の価値観

　古民家再生施設のオーナー同士だけでなく、訪れる客も共通の価値観によっ
て、互いに自然な形で強い絆が形成されているようだ。施設そのもの、商品や
サービス等に、店主のこだわりがみられる。「古民家再生」をキーワードに、
共通の価値観は物理的空間を超えたより広範囲にその輪を広げる。空間的な制
約をうけないこのコミュニティは緩やかなつながりを形成するものではある
が、利害関係から解放された精神的な結束力の強い人間関係であるとも理解さ
れる。

　コミュニティについて、R. M. Maclver はコミュニティを共同生活の行われ
る物理的空間と規定し、地域性と共同性を特質として捉えた。ただし、コミュ
ニティは村、町、更には国のような大きな広がりも認めるものである。[13]これ
によれば、路地裏文化にみられるコミュニティはまさにその代表である。

　空間的な制約を受けないコミュニティとして、「情報コミュニティ」はイン

12)　日本民家再生協会編『民家再生の技術』丸善株式会社、2007年。
13)　R. M. Maciver, *Community: A Sociological Study*, London: Macmillan and Company, 1917, pp.22 – 23.

ターネットにより空間の共通性ではなく、情報の共有によって結びついている。また老若男女、社会的地位など分け隔てのない「自由なコミュニティ」となっている。「情報コミュニティ」は「地域コミュニティ」にみられる直接的な関係性という物理的空間からの解放をもたらし、地理的境界の突破を可能とさせる[14]。

　古民家再生でのコミュニティは「地域コミュニティ」と「情報コミュニティ」が兼ね備えられた魅力あるものとなっている。その鍵又は柱は古民家再生というキーワードがもつ共通の価値観であると我々は考える。定性的分析は今後の課題として、以下に事例を紹介する。

　空堀地区の「雰囲気が好き」という理由で飲食店を構える店主は、長屋・古民家と迷路のような路地、路地裏の空間、路地ごとに祠、石段・石畳や坂道など、地域の特徴に魅了された。店主は空堀地区を衣食住を楽しむ空間であると認識している。近所の子どもを昔ながらに叱ることがあるようで、そのような環境がここには残っていることが嬉しく思うそうだ[15]。

　空堀地区への想いが強く、まちづくり活動の任意団体に所属している方は一人でも多くの人がこの地区の良さを分かってもらえるようにと様々な活動をしている。誰もが「空堀のことならその方を訪ねるといいよ」と口を揃える程、街の看板的存在である[16]。

　ある店主は「独特な趣を持った昔ながらの落ち着きと味わい深さが感じられる」という。又住民は「長屋の建物が崩れそうな感じがするのに意外にも互いに支え合って魅力的だ」と感じている。「木や土のぬくもりを感じられる建築物で生活したいけれど、仕事面や室内での生活環境は便利であってほしい。そんな中、街中の長屋暮らしは程よい落ち着きを感じられ、人との近さも感じられて落ち着くのではないか」と思われる[17]。

14）　船津衛「『現代コミュニティ』とは何か」船津衛・浅川達人著『現代コミュニティとは何か−現代
　　　コミュニティの社会学入門−』恒星社厚生閣、2014年、10 − 14頁。
15）　筆者菊森自身が何度も視察調査をおこなった。
16）　菊森智絵、前掲論文 2018年、333頁。
17）　菊森智絵「再生古民家が人を惹き付ける理由」『地域活性研究』第10巻、2019年、201 − 202頁。

　長屋の１つを店主自身でレトロな雰囲気に改装したカフェは、閑静な佇まい
をみせている。店主は店舗近辺との関わりが深く、ゲストハウスには店主自身
が作った照明をプレゼントしたり、レトロ調の椅子を製作している個人店に買
い付けに行ったり、畳屋の茣蓙や有機栽培野菜を店内で販売する等、コミュニ
ティを大切にしている。また、別地域にある古民家再生施設で開催されるイベ
ントに参加している。写真の個展開催時、各店主が自慢の料理を提供するその
イベントは百貨店にみられる催事のコンパクト版であるだけでなく、訪問者に
互いの店主の紹介をする穏やかな雰囲気のコミュニケーションはその空間に独
特な雰囲気を醸成する[18]。

　古民家を活用した店舗を経営する人は自分自身がその空間での生活・仕事を
堪能し、近所同士が醤油や金銭を貸し借りしていた昔のような人との関わりを
大切にしている。ある時、電球が切れて困っていた他店のオーナーが予備があ
るか尋ねに来た。店主は店内に備え付けられていた電球を緊急用として渡して
いた。古民家再生店舗は基本的に個人経営であるため、店舗を離れることが難
しく、人と人とのつながりは自然と形成される。

　店舗のコンセプトや食材のこだわりなど、サービスが豊富なカフェ兼ゲスト
ハウスはかなり古い古民家を再生したお洒落な佇まいである。センスの良い照
明や家具などは店主の人柄が表れており、店主自身がその空間を楽しみ、ゆっ
たりとした時間や五感を大切にしたおもてなしを提供している。カップは有名
な若手作家の作品であり、客が気に入ると快く作家を紹介し、段取りまでして
くれる。それに係わる料金、利益は一切発生しない[19]。

　あるゲストハウスの店主は旅行会社を定年退職し、クオリティの高い
DIY（Do It Yourself）による施設を作った。壁には宿泊客の感想が貼られており、
リピート客が多い。おもてなしの精神は素晴らしく、店主による観光案内プラ
ンは信じられないほどの低価格であるにも係わらず、いくつもの感動するサプ

18）菊森智絵・松井温文、前掲論文 2015 年、5－9 頁。
19）今光俊介・菊森智絵「宿泊施設」日野隆生編著『サービス・マーケティング−理論と実践−』五絃舎、
　　2018 年、125 頁。

ライズ的サービスが豊富に盛り込まれている。

　築60年の自宅をゲストハウスとして利用している店主は誠実で心の優しい人物である。野良猫と共に住むようになり、看板猫は大人しくコタツの横に座り客を招いてくれる。店主自身の夕食を分けて頂いたことが印象に残っている。

　ゲストハウスに宿泊する観光客の中には古民家再生された施設を求め、またゲストハウス自体の雰囲気を好み、各地へと訪れているように感じる。ゲストハウスは人間関係が希薄化している現代社会にあって、我々に安らぎを与えているといえよう。初めて挨拶する者同士ではあっても、古民家再生に関する話で盛り上がる。[20]

第4節　現代的自然発生型商業集積

　シリコンバレーのような集積は特定地域に同質な企業を集合させ、様々な要素の効率化・相乗的効果を図ろうとするものである。その集積は生産者を起点とした論理に基づいたものであり、消費者側の要素は基本的に除外されている。

　それに対して、商店街にみられる集積は店舗経営者が自らの判断で立地を選択するものの、最終的には消費者が商店街を規定する。産業革命以降の工業化の波は世界に広まり、我が国も同様に、物質的な増加が国民生活を潤し始める。ただし、大量生産は低価格で相対的に高品質な商品を市場に導入するため、資本規模が零細な製造企業に痛烈なダメージを与える。繰り返せば、大量生産システムの広がりは労働市場の縮小につながるということである。今日にみられる最先端技術が駆使された生産システムはその顕著な例である。生活が困難な農村部から都会への移動もあり、職を得られない人々が溢れかえった。そのような人々にとって小売業者は資本金が多くなくとも参入が可能な領域であったため、生活するための比較的簡単な方法として選択されることとなった。その実態は闇市という形態を取ることもあるが、今日でもそのような現象は世界各

---

20)　同上、126頁。

国でみられる[21]。

　店主と消費者との相対取引（あいたいとりひき）の結果として、廃業に追い込まれたり、拡大したり、より良い立地に移転したりしながら、商店街の原型を自然に形作ることとなった。商業集積は産業集積とは異なり、その発生に歴史的経緯と必然性が伴っている。商店街の内容をみると、純粋に小売店の集合体であるということはなく、飲食店やクリーニング店も存在している。ここで注目されたい点は同業種の店舗が複数存在することである。例えば、鶏肉店がふたつあったとする。ひとつは鶏肉を中心とする惣菜にも力を注ぎ、もうひとつは高級な鶏肉に特化するというように、両者は競合するものの、必ず差別化が図られている[22]。このような状況は両者が競争関係にあると同時に消費者の多様性を商店街全体として受け止めるための補完関係にあると理解される。この時点では総合スーパーにみられる店舗構成の原理は同じである。

　消費者ニーズは常に変化するが、生業的小売店主はそのような変化を柔軟に受け入れる能力が不足することもあり、今日、商店街はシャッター通りと揶揄されるようになった。商店街という実態が残り、その存在意義を社会的・政策的な視点から再生を図ろうとする主張もあり、我々もそれを理解する立場である。しかし、商店街の形成が経済的要因によるものであったという事実からすれば、その要素を欠くことは公的資金を投入したとしても、実質的内容を豊かにはしないものと我々は考える。

　商店街の復活は再生古民家がそれを担う可能性があるのではないか。三重県上野市駅側にある商店街の一部を残し、カフェなどが連なってオープンしている。岡山市奉還町商店街は多様な再生店舗が点在する。ある店舗に賑わいがみられるとその近くに新たな店舗がオープンする傾向があり、今後が期待される。そうではあっても、商店街は本来から集積であり、あくまでも補完的な意味、商店街に係わる直近にある地域活性化対策に関連する現象である。

21）　新雅史『商店街はなぜ滅びるのか』光文社、2012年。森下二次也『現代商業経営論 改訂版』有斐閣、1977年、186 – 187頁。
22）　石原武政「売買集中の原理と商業集積」『経営研究』第50巻 第1・2号、1999年。石原武政「商業集積における管理と競争」『経営研究』第50巻 第3号、1999年。

　我々が注目するのは商店街以外にみられる近代的な施設に囲まれた中にあっ
て、残された古民家が再生される意義である。近代的空間内に点在した時代に
逆行するような施設はまさに現代的な自然発生型商業集積である。商店街との
違いは今後の追加的分析が必要であるが、物理的空間、施設が接近する必要が
なく、多様な消費者ニーズに適合させようとするものではなく、古民家という
空間を好む人の集まりであり、店主自身の感性が活かされた店内であることこ
そが求められている。この点を繰り返せば、消費者・客は店舗内での使用価値
に満足をしようとする。商業の原理からすれば、店主は利益をより多く得るた
めに交換価値を常に高めようとする。それに対して、店主も施設に対する使用
価値に満足しながら、利益を確保しようとするという姿勢がある。極言すれば、
仕事場であると同時に生活空間であると認識されている。それ故、店舗間は競
争ではなく、協働の精神が自然と育まれる。厳密性には欠けるが、そのような
地域は独自性ある商品やサービスに関するワンストップショッピングを可能に
する。近年、ウインドウショッピングする様子が少なくなったようである。し
かし、点在するこれらの店舗は散策しながらウインドウショッピングする楽し
みを与える。路地裏の隠れ家的店舗を見付けたこと、それ自体にも感動を生じ
ることもあろう。それだけではなく、店内ではまずその店舗の歴史やこだわり
に関する話題が出てくる。それだけでなく、競合するはずの店舗の話も、古民
家再生をキーワードにすることにより、会話を弾ませる。そのような点在する
店舗はそれぞれの空間に存在する近代的施設を利用する人々にも影響する。こ
の土地の雰囲気が気に入ったので移動してきたという住民が増える。それは日
本の伝統的慣習や文化が自然な形で復活する契機を与えるものと我々は期待す
る。物理的空間に点在する強い精神的なつながりのある古民家再生店舗による
集積はまさに現代的自然発生型商業集積であるといえよう。

　又、古民家は単に古い建物なのではなく、縁側、囲炉裏、格子戸、欄間等、
日本の気候や生活様式に合わせた素晴らしい工夫がなされていることに芸術性
を見出し、その施設に店主の個性溢れる芸術性が加味された結果として、現代
的芸術の新しい現れとなっているのではないか。その点を強調すれば、古民家

再生店舗は商品やサービスも含めて、共通の価値観には芸術が欠かせないものとなっている。単なる古民家を活用した店舗には消費者の関心は寄せられないからである。

おわりに

　古民家再生は我々日本人にとって重要な意味を持つものであり、地域の活性化だけでなく、心の豊かさを育むものでもある。モノを大切にする日本古来の精神がここにはある。そのことは良いモノを使うことにもつながる。良いモノは人と人とのコミュニケーションにおいて、豊富な話題を提供する素材となる。

　筆者は柚子飲料の「ごっくん馬路村」で有名な高知県室戸市の馬路村の木材加工工場で職人が手作りした「わっぱ弁当」と過去に切り出していた「天然杉から作った皿」を購入した。日常生活でその話題に触れることがあるとその職人との会話から得た話題も合わせて、十分過ぎる程に話をすることが出来る。

　鯖のへしこ、フナずし、くさや等は各地の伝統的な食材である。茅葺き屋根、銅板屋根は日本の気候に合わせた構造を有する合理的なものである。城や石垣の構法を含めた城郭建築、城下町の構造等、それらがなされた必然性は奥深いものがある。

　古民家再生はこれらと共通するものがあり、それはまさに教養ともいえるのではないか。

編著者紹介

松井 温文（ まつい あつふみ ）

1964 年 大阪府生まれ

現在 岡山商科大学経営学部 教授

現代商業経営序説

2020 年 9 月 8 日　　第 1 版第 1 刷発行

編著者：松井 温文

発行者：長谷 雅春

発行所：株式会社 五絃舎

　　　　〒 173 - 0025　東京都板橋区熊野町 46 - 7 - 402

　　　　Tel & Fax：03 - 3957 - 5587

　　　　e-mail：gogensya@db3.so-net.ne.jp

組　版：Office Five Strings

印　刷：モリモト印刷

ISBN 978-4-86434-122-6